学科建设—国家特殊需求—青少年身体运动功能训练
（项目代码：PXM2015_014206_000072）

竞技体操运动员身体运动功能训练指导实践手册

孙永生　著

人民体育出版社

图书在版编目（CIP）数据

竞技体操运动员身体运动功能训练指导实践手册 /
孙永生著. -- 北京：人民体育出版社，2024 (2025.7重印).
ISBN 978-7-5009-6490-2

Ⅰ.G832.025-62

中国国家版本馆CIP数据核字第20243RP791号

竞技体操运动员身体运动功能训练指导实践手册

孙永生　著
出版发行：人民体育出版社
印　　装：北京建宏印刷有限公司

开　本：710×1000　16开本　　印　张：16　　字　数：302千字
版　次：2024年9月第1版　　　 印　次：2025年7月第2次印刷
书　号：ISBN 978-7-5009-6490-2
定　价：78.00元

版权所有·侵权必究
购买本社图书，如遇有缺损页可与发行与市场营销部联系
联系电话：（010）67151482
社　　址：北京市东城区体育馆路8号（100061）
网　　址：https://books.sports.cn/

前 言

在竞技体育中，体能向来是制约运动员竞技能力发挥的主要因素之一。这一能力的提升是增强竞争力、谋求突破的重要基础。另外，随着社会的发展、科技的进步，体能训练也越来越朝着科技化、系统化、数据化、个性化、精准化的方向发展。由此，身体运动功能训练孕育而生，它是体能训练在系统化和科学化方面的一次尝试和突破。

体操是我国竞技体育的传统优势项目，多年来为国家赢得了许多荣誉。本书是专门为竞技体操运动员撰写的，内容涵盖与竞技体操运动相关的身体运动功能训练的内容与方法。它不仅有助于培养竞技体操运动员对身体运动功能训练学习的兴趣，而且有利于深化竞技体操运动员对身体运动功能训练的认识并促进其付诸实践，最终达到提升竞技体操运动员竞技能力的终极目标。更重要的是本书可以为竞技体操运动员在开展身体运动功能训练的同时，提供更多的、有针对性的可借鉴和参考的练习方法和手段，且本书所有的训练方法都配有图片及动作描述，丰富了竞技体操运动员身体运动功能训练的方法库。本书具体包括以下内容：第一章为导论部分，介绍了身体运动功能训练产生的背景及身体运动功能训练的起源，同时阐述了竞技体操运动员进行身体运动功能训练的意义；第二章主要介绍竞技体操项目身体运动功能训练的需求；第三章主要介绍竞技体操运动员的筛查与评估；第四章主要介绍竞技体操运动员的伤病预防；第五章至

第九章主要介绍提高竞技体操运动员力量、速度、灵敏、平衡、柔韧和能量系统的练习方法；第十章主要介绍竞技体操运动员恢复与再生的训练方法；第十一章主要介绍竞技体操运动员身体运动功能训练的计划制订。本书尽可能全面地反映竞技体操运动员身体运动功能训练的知识内容体系，对竞技体操运动员选择相应的、有针对性的锻炼方法有一定的参考价值和作用。

本书的出版得到了首都体育学院国家特殊需求——青少年身体运动功能训练人才培养博士项目的经费资助。本书能够最终完成也要感谢六位动作模特——首都体育学院研究生周芳、陶惠楠、黄军、李灵瑞、杜明月和余胜强，以及三位辅助工作者——首都体育学院研究生魏藜、何震、李天驰。由于作者水平有限，难免有不足之处，恳请各位专家和读者予以斧正。

目 录

第一章　导论 …………………………………………………………（1）

第二章　竞技体操项目身体运动功能训练的需求 ……………（13）

  第一节　竞技体操项目的特点……………………………………（13）
  第二节　竞技体操运动员身体运动功能训练的需求解读…………（16）

第三章　竞技体操运动员的筛查与评估 …………………………（17）

  第一节　损伤调查与分析……………………………………………（17）
  第二节　功能动作筛查与分析………………………………………（22）
  第三节　选择性功能动作筛查与分析………………………………（28）
  第四节　Y-BALANCE测试与分析 …………………………………（33）
  第五节　基础和专项身体素质测试与分析…………………………（35）

第四章　竞技体操运动员的伤病预防训练 ………………………（41）

  第一节　伤病的生理学基础及伤病预防……………………………（41）
  第二节　矫正练习实践………………………………………………（42）

第五章　竞技体操运动员的基础力量与专项力量训练 …………（68）

　　第一节　竞技体操运动员的专项力量需求……………………（68）
　　第二节　上肢力量训练…………………………………………（69）
　　第三节　下肢力量训练…………………………………………（94）
　　第四节　躯干力量训练…………………………………………（107）
　　第五节　全身力量训练…………………………………………（112）

第六章　竞技体操运动员的专项速度与灵敏性训练 …………（123）

　　第一节　竞技体操运动员的专项速度与灵敏需求……………（123）
　　第二节　速度训练………………………………………………（124）
　　第三节　灵敏性训练……………………………………………（136）

第七章　竞技体操运动员的平衡能力训练 ……………………（141）

　　第一节　竞技体操运动员的平衡能力需求……………………（141）
　　第二节　平衡能力训练方法……………………………………（143）

第八章　竞技体操运动员的柔韧训练 …………………………（171）

　　第一节　竞技体操运动员的柔韧需求…………………………（171）
　　第二节　柔韧训练方法…………………………………………（172）

第九章　竞技体操运动员的能量系统训练 ……………………（206）

　　第一节　竞技体操运动员的能量系统需求……………………（206）
　　第二节　训练方法与负荷………………………………………（208）

第十章　竞技体操运动员的恢复与再生训练 ……………………（220）

　　第一节　恢复与再生的释义 ……………………………………（220）
　　第二节　恢复与再生训练方法 …………………………………（222）

第十一章　竞技体操运动员的身体运动功能训练计划制订 ……（236）

　　第一节　竞技体操运动员身体运动功能训练计划制订的原则 ……（236）
　　第二节　竞技体操运动员身体运动功能训练计划制订的流程 ……（240）

第一章 导论

导语：本章介绍了身体运动功能训练产生的原因，主要有经济全球化带来体育产业的迅速发展、科学技术的进步推动了体育领域研究的深入、职业体育商品化的进一步发展和残酷的竞争、传统训练理论与高频比赛之间的冲突，以及国内运动训练领域理论与方法相对滞后五个方面。还介绍了身体运动功能训练国内外的起源与发展情况及何为身体运动功能训练，以及竞技体操运动员进行身体运动功能训练的必要性和意义。

一、前言

体育在全面建设小康社会、促进社会和谐发展以及实现民族复兴等方面有着重要的作用。党的十八大以来，以习近平同志为核心的党中央高度重视体育强国建设，制定并出台了多项政策支持体育事业的发展。2013年8月31日，习近平总书记在会见全国体育先进单位和先进个人代表时曾指出："体育是社会发展和人类进步的重要标志，是综合国力和社会文明程度的重要体现。体育在提高人民身体素质和健康水平、促进人的全面发展，丰富人民精神文化生活、推动经济社会发展，激励全国各族人民弘扬追求卓越、突破自我的精神方面，都有着不可替代的重要作用。"我们要积极采取有效策略，使我国由体育大国向体育强国迈进。

我们应该清醒地认识到，我国竞技体育发展还很不平衡。竞技体育领域要打破现有的成绩格局，应该在保持传统优势领域项目的同时，分析非优势项目存在的问题及原因并补长短板，以此推动各项目整体均衡发展，最终实现全面发展的新局面。从运动项目上来看，我国体能要求高、对抗激烈项目的发展和成绩一直不尽如人意，如田径和三大球等。因此，我们要探究国际竞技体育发展的整体趋势和未来走向，深入研究国际一流水平运动员在训练方面的成功经验，并根据实际情况正确把握项目训练和发展规律，科学地进行体能训练，进而促进其他竞技要素如技能等全面发展，从而不断提升国际竞争力。

随着美国物理治疗康复领域研究和实践的发展，产生了功能训练，随后其训练和方法被引入竞技体育领域。功能训练在后续发展中得到了体育专家学者和一线教练员的广泛关注，并对其理论和实践进行了大量的研究，同时也进行了大力推广。2011年，国家体育总局成立"备战伦敦奥运会身体功能训练团队"，与此同时，与美国AP公司达成了合作意向并最终签署合作协议，功能训练开启了在我国发展的序幕。里约奥运周期中，国家体育总局继续与AP公司及首都体育学院合作，成立了"备战里约奥运会身体运动功能训练团队"，为各支国家队提供身体运动功能训练服务。东京奥运会周期，首都体育学院身体运动功能训练团队又中标国家体育总局射击射箭管理中心身体运动功能训练奥运科技服务项目。通过三届奥运会备战，身体运动功能训练的效果得到了国家队教练员和运动员的认可。东京奥运周期中，国家体育总局竞技体育司下发《体育总局办公厅关于进一步强化基础体能训练恶补体能短板的通知》，要求"不断推进体能训练创新，通过强化体能训练，补齐短板，以实际行动践行习近平总书记指示精神，打造一支体能充沛、技术精湛，能征善战、作风优良的国家队"。在此背景下，作为体能训练内涵和外延进一步发展的身体运动功能训练将有广阔的用武之地。

随着身体运动功能训练在我国竞技体育领域的蓬勃发展，身体运动功能训练也开始向军事训练、健康促进、学校体育等多个领域拓展。另外，随着《"健康中国2030"规划纲要》的颁布，"早诊断、早预防"的身体运动功能训练有了广阔的发展空间。身体运动功能训练能够促进全民体质健康，满足人们日益增长的健康需求，对于提高全民体质健康具有重要的作用。

从人才培养方面看，首都体育学院于2011年在我国率先提出了"青少年身体运动功能训练"这一新的概念和研究领域，并于2012年获得国务院学位委员会批准，成为服务国家特殊需求博士人才培养项目，2013年招收第一届博士研究生。以此为新的起点，揭开了身体运动功能训练在我国的理论探索，以及在实际应用领域的实践研究，从而为身体运动功能训练中国化奠定了科学研究、人才培养及实践探索等的基础。

二、身体运动功能训练产生的背景

（一）经济全球化带来体育产业的迅速发展

经济全球化进一步促进了各国的经济发展和友好交往，体育产业作为经济的一部分，在此大背景下也得到了较快的发展。随着人们对体育关注度的提高，对比赛的精彩程度有了更高的期待和需求，因此也间接地推动了体育领域的从业人员借助各种科学有效的理论和方法来最大限度挖掘运动员的竞技潜力。

（二）科学技术的进步推动了体育领域研究的深入

科技竞争成为世界各国竞争的核心和关键，各国对科技的投入越来越大，这也促进了科学技术的进步和科研成果的产出。在体育领域，训练更加科学、细致和深入。教练员和体育科研人员可以借助先进的设备，对运动员的身体状况、各项机能指标进行及时的测试、诊断及调控。另外，也可以借助高科技仪器，使每一个技术在科学的计算分析下实现最优化，甚至每一个动作都可以设计出最佳的角度、力量、幅度和运动轨迹，运动员在训练中反复多次练习，以此提高竞技能力。而生物力学、解剖学、心理学等多学科的交叉及相关理论研究的深入和发展，促进了训练方法和手段的更新，使得运动员的训练更加规范和科学。

（三）职业体育商品化的进一步发展和残酷的竞争

职业体育商品化后，职业体育俱乐部所有者或联盟管理者为了获取更多的价值，既要改革赛制以形成多元化、多场次的赛事体系，以此强化竞技体育的市场供给，又要提高赛事的精彩程度来吸引体育消费者，促进人们的消费，并通过市场运作实现资产的最优化。以美国职业篮球联赛为例，其非常重视市场化运作和可持续发展。各家俱乐部为了获取更多的经济利益，进行着激烈的竞争。而所有这些竞争的核心是职业运动员这一人力资源生产要素的竞争。美国职业篮球联赛一个赛季的常规赛高达82场，且随着比赛节奏的加快及对抗强度的不断提升，运动员只有具备更高水平的技术和战术能力才能适应，而如此高强度的训练和频繁的比赛也增加了运动员的运动损伤风险。运动员一旦受伤，尤其是明星运动员，带来的就是整个俱乐部和运动员经济利益的损失。因此，职业体育的发展必须强化科研投入，组建多学科背景人员的复合型训练和科研团队，以解决面临的实际问题和困难。因此，这也促进了训练理论和方法创新，新器材、新设备、新手段、新方法不断涌现。同时，也带来训练思想的改变，而训练思想的改变反过来又促进了训练的改革和创新[1]。

（四）传统训练理论与高频比赛之间的冲突

在现代竞技体育中，我们可以看到整个赛季比赛的数量较以往大幅增加，主要呈现三个特征：首先，在过去的二十多年间，世界比赛和我国本土比赛的安排都比较多，尤其是国际体育联盟组织的一系列大奖赛、洲际比赛等，奖金高、水平高，很多高水平运动员积极参与。还有各个国家的体育联盟也设立了大量的比赛，其目的是鼓励更多的次精英级运动员参与到运动员梯队建设培养计划中来。其次，各赛事对顶级运动员的资金奖励有了大幅度的提高。为了获得高昂的奖金，运动员训练及参赛频率显然高于传统周期训练日程表的频率。同时，二流的运动员也改变了他们的竞争策略，积极主动地去模仿一流运动员的训练模式等。最后，训练的效果依靠大量的比赛来检验，导致高强度、高频率比赛增多，运动员的训练系统性遭到了破坏，尤其是恢复，难以做到充分，教练员也开始依托高频率比赛来促进运动员的训练准备[2]。传统训练理论指导下的训练方案已经无法为运动员成功地参加多次比赛提供准备，以周期训练理论为例，即使是3次高峰的年训练周期模式也不能满足当前国际体育潮流。竞技状态多高峰趋势是现代高水平竞技训练的突出特点[3]。另外，以超量恢复理论为例，传统的超量恢复理论已经不能满足高频比赛的需要，因为运动员是不能等到超量恢复阶段后再去参加比赛，这就对训练恢复提出了新的要求。应运而生的是运用多学科理论研究成果和知识，来创造新的训练与恢复的器材及方法等，以满足训练实践的需要，随之带来的则是训练理论和方法的重大突破[4]。

（五）国内运动训练领域理论与方法的相对滞后

我国近年来把国外的顶级体育专家请进来，把国内体育领域的科研人才送

---

[1] 尹军，张启凌，陈阳. 乒乓球运动员身体运动功能训练[M]. 北京：北京体育大学出版社，2013：2.

[2][3] 弗拉基米尔·伊苏林. 板块周期-运动训练的创新突破[M]. 王乔君，毕业，陈飞飞，译. 北京：北京体育大学出版社，2011.

[4] 袁守龙. 北京奥运会周期训练理论与实践创新趋势[J]. 体育科研，2011，（32）4.

出去，以此学习、借鉴国外先进的训练理论与方法体系，来改善国内训练理论体系滞后于前沿训练实践、缺乏跨学科研究以及互动整合等的现状，从而推动我国竞技体育科学化，并培养一批高素质、高水平的体育科技人才。在此背景下，国外一些先进的训练理论、理念和方法体系被引进，如体能训练领域的核心区力量训练、动力链训练以及功能训练等。

三、国外身体运动功能训练的起源与发展

功能训练萌发于职业体育最为发达的美国，是多元化集成发展时代下的产物。功能训练起源于20世纪末美国职业运动队一线的训练实践，核心目的从最初康复性的损伤预防逐渐过渡到运动表现的整体提升，在市场模式及行业协会的推动下，逐渐建立起了基于人体运动功能的训练理念、方法体系[1]。20世纪90年代和新千年的前几年，功能训练开始盛行。下面将以时间为主线，对其发展中的标志性发明、文献、书籍等进行梳理。

20世纪90年代，物理治疗师加里·格雷（Gary Cook）基于动力链的作用和功能解剖学，首次在其链式反应的课程中提出肌肉功能的新观点[2]。

1997年，格雷·库克和李·伯顿（Lee Burton）发明了FMS（功能动作筛查），同年格雷·库克发表了关于躯干的功能训练的文章；格雷·库克在发明FMS不久后又发明了SFMA（选择性功能动作筛查），同时将Star Excursion Balance Test（星形测试）改良成Y-balance（Y-平衡）测试。2001年，FMS正式商业印刷，2006年，关于FMS研究的论文问世[3]。目前，FMS的研究已经覆盖了学龄儿童、青少年、消防员、军人等众多人群，且FMS 2020版已经发布，增加了踝关节背屈活动度测试的内容，并改良了躯干旋转稳定性测试的方法。

1998年，《时尚男士》杂志发表了胡安·卡洛斯·桑塔纳（Juan Carlos Santana）提出的关于功能训练的内容，标志功能训练步入商业化时代[4]。

2001年，美国哈瑟利有限责任公司出版了《功能训练：新健身革命的指

---

[1] Santana, Juan Carlos.Functional Training [M].Champaign: Human Kinetics, 2015.
[2] Mike Boyle.Functional Training for Sports [M].Champaign: Human Kinetics, 2003: 4.
[3] Gray Cook, Lee Burton, and Barb Hoogenboom.Pre-Participation Screening: The Use of Fundamental Movements as an Assessment of Function-Part1 [J]. N Am J Sports Phys Ther, 2006, 1（2）: 62-72.
[4] Santana, Juan Carlos.Functional Training [M].Champaign: Human Kinetics, 2015: 3.

南》一书，这是目前能够查到的最早关于功能训练的书籍[1]。2003年，美国人体运动出版社首次出版了功能训练领域代表性人物迈克·鲍伊尔（Mike Boyle）的第一本关于功能训练的书，书名为《体育运动中的功能性训练》，这是自功能训练概念出现以来最具行业影响力的著作，它向全世界推广了功能训练这一理念[2]。2004年，美国人体运动出版社出版了《老年人的功能性健身》一书，这是现存能够查阅到的第一本关于老年人功能训练的书籍[3]。2007年，美国人体运动出版社出版了《竞技能力的全面发展——功能性体育的艺术和科学》，这是现存能够查阅到系统研究竞技体育功能训练的第一本书[4]。2010年，格雷·库克等出版了《功能动作筛查》一书，这是第一本详细介绍FMS、SFMA、Y-balance测试的书；同年迈克·鲍伊尔的《高级功能性训练》一书出版[5-6]。2015年，费德里卡·里皮（Federica Lippi）出版了《孕期妈妈功能训练——每三个月的完整健身指南》一书，这是现存能够查阅到的第一本有关孕妇功能训练的书籍[7]。2015年，美国人体运动出版社出版了《功能性训练》一书[8]。2016年，美国人体运动出版社出版了《新的体育运动中的功能性训练》[9]。

国外身体运动功能训练发展情况如图1-1所示。

---

[1] Rosemarie Alfieri. Functional Training: Everyone's Guide to the New Fitness Revolution: Everyone's Guide to the New Fitness Revolution [M]. Champaign: Hatherleigh Company, Limited, 2001.

[2] Mike Boyle. Functional Training for Sports [M]. Champaign: Human Kinetics, 2003.

[3] Patricia A. Brill. Functional Fitness for Older Adults [M]. Champaign: Human Kinetics, 2004.

[4] Vern Gambetta. Athletic Development: The Art & Science of Functional Sports Conditioning [M]. Champaign: Human Kinetics, 2007.

[5] Gray Cook. Movement: Functional Movement Systems: Screening, Assessment, and Corrective Strategies [M]. Aptos: On Target Publications, 2010.

[6] Michael Boyle, Mark Verstegen, Alwyn Cosgrove. Advances in Functional Training: Training Techniques for Coaches, Personal Trainers and Athletes [M]. Aptos: On Target Publications, 2010.

[7] Federica Lippi. The Funtional Mama-Functional Training in Pregnancy: Complete Fitness Guide for Each Trimester [M]. South Charleston: Create Space Independent Publishing Platform, 2015.

[8] Santana, Juan Carlos. Functional Training [M]. Champaign: Human Kinetics, 2015.

[9] Michael Boyle. New Functional Training for Sports-2nd Edition [M]. Champaign: Human Kinetics, 2016.

第一章 导论

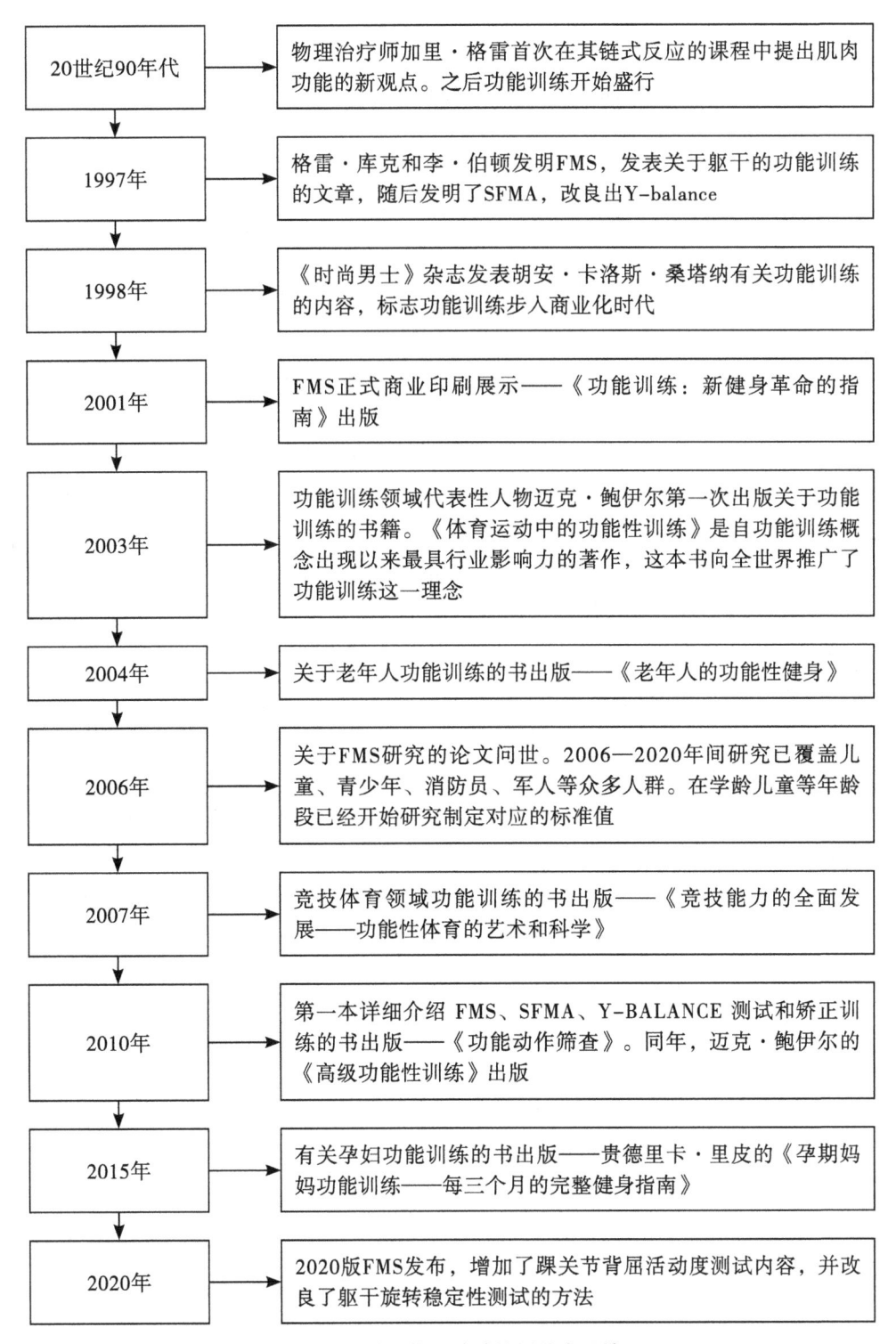

20世纪90年代	物理治疗师加里·格雷首次在其链式反应的课程中提出肌肉功能的新观点。之后功能训练开始盛行
1997年	格雷·库克和李·伯顿发明FMS，发表关于躯干的功能训练的文章，随后发明了SFMA，改良出Y-balance
1998年	《时尚男士》杂志发表胡安·卡洛斯·桑塔纳有关功能训练的内容，标志功能训练步入商业化时代
2001年	FMS正式商业印刷展示——《功能训练：新健身革命的指南》出版
2003年	功能训练领域代表性人物迈克·鲍伊尔第一次出版关于功能训练的书籍。《体育运动中的功能性训练》是自功能训练概念出现以来最具行业影响力的著作，这本书向全世界推广了功能训练这一理念
2004年	关于老年人功能训练的书出版——《老年人的功能性健身》
2006年	关于FMS研究的论文问世。2006—2020年间研究已覆盖儿童、青少年、消防员、军人等众多人群。在学龄儿童等年龄段已经开始研究制定对应的标准值
2007年	竞技体育领域功能训练的书出版——《竞技能力的全面发展——功能性体育的艺术和科学》
2010年	第一本详细介绍FMS、SFMA、Y-BALANCE测试和矫正训练的书出版——《功能动作筛查》。同年，迈克·鲍伊尔的《高级功能性训练》出版
2015年	有关孕妇功能训练的书出版——贵德里卡·里皮的《孕期妈妈功能训练——每三个月的完整健身指南》
2020年	2020版FMS发布，增加了踝关节背屈活动度测试内容，并改良了躯干旋转稳定性测试的方法

图1-1 国外身体运动功能训练发展情况

7

四、国内身体运动功能训练的起源与发展

(一)身体运动功能训练名称的由来

国内"身体运动功能训练"这一名称是由"Functional Training"(功能训练)而来,美国的"Functional Training"(功能训练)则是从康复治疗中的"功能训练"发展而来,其采用的训练理念及内容方法和手段主要来源于康复领域的"功能训练"[1]。在从国外引进的过程中,国外有几种称谓——"Functional Training""Functional strenth Training",加上国内学者对"Functional Training"翻译的方式和理解不同,因此也就造成了翻译后有很多种叫法,典型的有"功能训练""功能性训练""功能性力量训练"等,这些名称频繁出现在竞技体育领域。但随后为了从名称上与康复领域的"功能训练"区别,更加突出其在体育运动领域的实践应用价值和作用,部分学者开始采用"身体功能训练"这一叫法。同时一些国内学者在借鉴AP公司训练内容的基础上,将"功能训练"的内容和AP公司训练体系有机地融合在了一起。后因首都体育学院申请博士项目需要,组织本校专家对此项目名称做了探讨和研究,一致认为采用"身体运动功能训练"这一名称更科学合理。2012年,国务院学位办发布了《服务国家特殊需求博士人才培养项目名单的通知》,首都体育学院"青少年身体运动功能训练人才培养项目"获得国家特殊需求博士人才培养项目的培养资格,并于2013年开始招生。自此,"身体运动功能训练"这一名称在官方文件中正式被确立下来。

(二)国内身体运动功能训练产生的轨迹

20世纪50年代苏联专家提出身体训练,主要指素质训练,包括力量、速度、耐力、灵敏、柔韧等。B.H·普拉托诺夫[2]认为身体训练包括那些保证有效进行比赛的身体各项机能系统的能力和基本身体素质(速度、力量、耐

---

[1] Michael Boyle. New Functional Training for Sports [M]. Champaign: Human Kinetics, 2016: 1.
[2] B.H·普拉托诺夫.运动训练的理论与方法 [M].陈绍中,等,译.武汉:武汉体育学院编印,1986:81+82.

力、灵巧性及协调能力和柔韧性等）的发展水平。民主德国运动训练学专家迪特里希·哈雷（Dietrich Harre）等1977年在其《训练学——运动训练的理论与方法学导论》一书中提出"身体能力"这一词语，且指出其包含力量、速度、耐力、柔韧、灵巧性[1]。到了20世纪80年代中后期，"体能"这个词语频繁出现在国内相关研究的论文和著作中，最早见于1984年出版的《体育词典》[2]。1986年，过家兴等人编著的《运动训练学》提出所谓的竞技能力，是指运动员有效地参加训练和比赛所具备的本领，是运动员体能、技能、智能和心理能力的综合。身体训练中身体素质训练涵盖了力量、速度、耐力、柔韧素质方面[3]。联邦德国运动训练学专家葛欧瑟（Grosser）1987年在他的研究中又提出运动员运动水平的现实状态包括素质、技术、心理三个方面的因素[4]。1988年，周西宽在《体育学》一书中提出了体能有机能、形态、素质三个要素[5]。到了2000年，我国学者将其引进国内的时候把"Core Strength"翻译成"核心力量训练"。希尔（Hill J）和雷兹勒（Leiszler M）[6]研究提出，运动员应该重视核心稳定性和强化训练，因为这是运动员竞技水平提升必须进行的训练要素。20世纪80年代末，核心训练在竞技体育领域发展迅速，除了增强核心稳定性，提升竞技水平，也能有效预防背痛。对于优秀运动员群体，他们的核心稳定性都很强大，能稳定躯干和脊柱，从而发挥出全身的力量，也能有效预防运动损伤和促进恢复。2004年，国内学者在引进国外"Kinematic Chain"的研究成果时将其翻译成"动力链"，经过查阅文献得知，其实就是人体链式反应中的关节链的一种链式反应，也称作运动链[7-8]。关于"Functional Training"，库克[9]在1997年首次提出了躯干功能训练的理念。2007年国内体

---

[1] 迪特里希.哈雷.训练学——运动训练的理论与方法学导论[M].蔡俊五，译.北京：人民体育出版社，1985：12.

[2] 姜广富.国内外体能训练研究的可视化分析[D].大连：大连理工大学，2019：3.

[3] 过家兴，等.运动训练学[M].北京：北京体育学院出版社，1986：133-185.

[4] 葛欧瑟.运动训练学讲稿[M].田麦久，译.北京：北京体育学院，1983：80.

[5] 周西宽.体育学[M].成都：四川教育出版社，1988：227.

[6] Hill J, Leiszler M. Review and role of plyometrics and core rehabilitation in competitive sport [J]. Current Sports Medicine Reports, 2011, 10 (6): 345.

[7] 刘展.人体动作模式和运动链的理念在运动损伤防护和康复中的应用[J].成都体育学院学报，2016，42（6）：3.

[8] 菲尔·佩治，克莱尔C.弗兰克，罗伯特·拉德纳.肌肉失衡的评估与治疗——扬达治疗法[M].焦颖，李阳，王松，译.北京：人民体育出版社，2016：33.

[9] Gary Cook. Functional training for the torso [J]. NSCA Journal, 1997, (4): 14-19.

育学领域的相关专家在研究"Functional Training"时，翻译为功能训练。但在康复领域，实际上这个词早已有，2008年在体育领域快速传播，之后到2012年衍生出身体运动功能训练。图1-2为国内身体运动功能训练产生的轨迹。

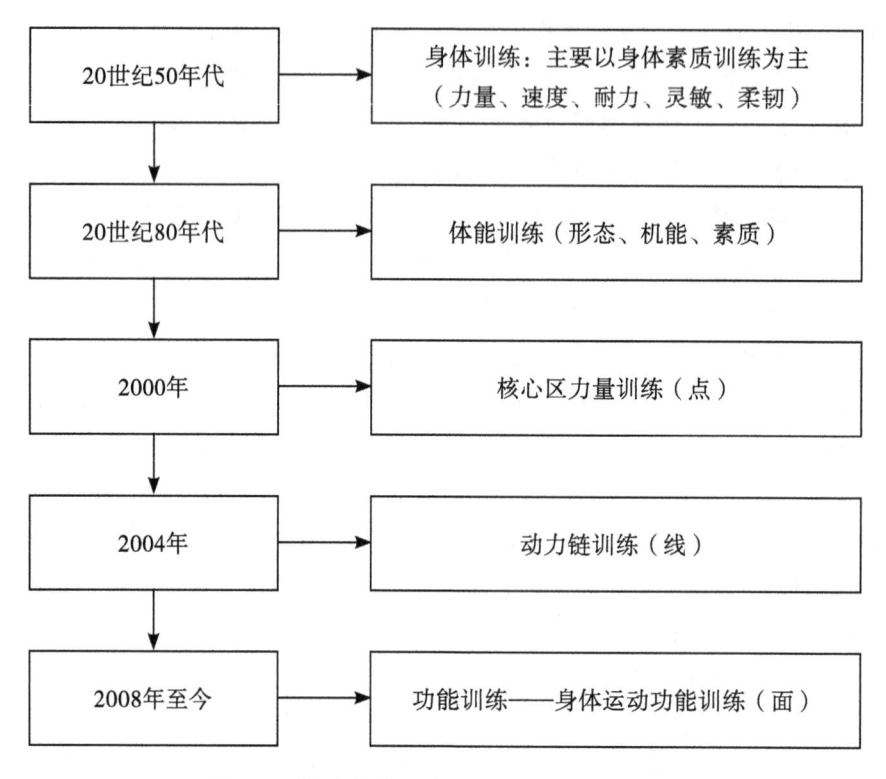

```
20世纪50年代 → 身体训练：主要以身体素质训练为主（力量、速度、耐力、灵敏、柔韧）
20世纪80年代 → 体能训练（形态、机能、素质）
2000年 → 核心区力量训练（点）
2004年 → 动力链训练（线）
2008年至今 → 功能训练——身体运动功能训练（面）
```

图1-2　国内身体运动功能训练产生的轨迹

（修改自首都体育学院博士项目申报书）

五、身体运动功能训练的释义

科学的发展说明了一个现象，那就是概念引导科学革命。概念创新引导科学理论的更新和发展，两者间有很重要的因果关系[1]。身体运动功能训练是一个内涵和外延没有被进行过深入、理性研究的专业名词。准确地认识和全面探讨身体运动功能训练的释义，是建设身体运动功能训练理论与开展实践研究

---
[1] 范冬萍.复杂系统突现论——复杂性科学与哲学的视野[M].北京：人民出版社，2011：6.

的重要工作，也是推进身体运动功能训练体系化和科学化的必要进程。

身体运动功能训练是围绕人类生命周期的各个阶段与各阶段的基本身体运动功能需求，以及特殊的身体运动功能需求展开的。通过科学筛查与评估，了解身体运动功能的现状，找出哪些方面的功能强、哪些方面的功能弱及弱到什么程度等，在此基础上制订出针对性的强化方案，以便尽可能使身体运动功能适应生活、学习或特定工作的需要。强化方案的内容则是所进行的有关身体运动功能增强、保持、延缓方面的训练等干预手段的综合。本书中的身体运动功能训练释义如下：运动是人全生命周期中身体功能的重要组成部分，是为满足特定人群和特定岗位之需，在专业人士的指导下，通过筛查与评估而专门制定和实施的固强、增弱和康损的针对性干预方案与实施的具体活动。上述定义包含以下基本要素：第一，定义对象为人全生命周期中身体运动功能训练；第二，满足特定人群和特定岗位对运动功能之需是身体运动功能训练的目的，其中固身体运动功能之强、增身体运动功能之弱、康身体运动功能之损是直接目的，而筛查与评估是基础；第三，专业人士和特定岗位及人群是身体运动功能训练的主体，专业人士是筛查与评估的实施者，同时也是固强、增弱和康损干预方案的制订者和指导者，特定人群要在专业人士的指导下，积极配合并参与到具体的干预活动之中。

六、运动员进行身体运动功能训练的意义

传统的体能训练只重视身体素质的训练，且高度重视肌肉力量的增长。至于训练是否科学，所练的身体素质是否能够很好地转化成比赛中需要的身体素质则不甚清楚，并且很少重视伤病的预防和训练后的恢复再生。然而，身体运动功能训练的诞生本质是体能训练在科学化和系统化方面的一次尝试和突破。身体运动功能训练所涵盖的内容，每一部分都有其科学的原理。我们以最基础的准备活动为例，经常有教练员问到训练做准备活动时到底做静态拉伸好还是做动态拉伸好。众所周知，静态柔韧性不需要自身肌肉用力，受外力的作用而被动地拉伸，幅度大；动态拉伸则需要自身肌肉主动用力，活动范围与静态拉伸相比较小。作为专业的训练人员，很多技术动作会超过个体自身的关节活动范围，这样的活动范围是主动用力难以达到的，因此必须通过有外力协助的静态拉伸来实现[1]。由此可见，如果要发展柔韧性，那么一定是静态拉伸

---

[1] 杨则宜.体能训练指导（下）[Z].国家体育总局科教司，2007：350.

好于动态拉伸。但是在做准备活动时则不是这样。研究表明做准备活动时做静态拉伸至少会产生以下三个方面的影响：一是使肌肉放松；二是会使中枢神经系统的兴奋性在两个小时内下降；三是使肌肉力量和爆发力下降5%~30%[1]。因此做准备活动时不适合做静态拉伸，而静态拉伸在训练结束后做比较好。神经科学研究表明静态拉伸使神经系统受到抑制，适宜进行慢速工作[2]。因此，这也是身体运动功能训练动作准备板块采用动态拉伸的原因。以上案例充分证明了身体运动功能训练的科学性更强。它的诞生代表了当今的体能训练从重视肌肉训练到肌肉—神经系统协同训练，并不断提高动作质量，这一转变也是竞技体育领域科学化研究与训练的必然产物。

综上，对运动员进行身体运动功能训练是非常有必要和有意义的，同时也是科学化训练的要求，顺应了时代的发展。

---

[1] David G. Behm. Anis Chaouachi. A review of the acute effects of static and dynamic stretching on performance [J]. Article in European Journal of Applied Physiology，2011.

[2] 国家体育总局干部培训中心. 高水平竞技运动科学训练研究 [M]. 北京：北京体育大学出版社，2008：55.

第二章　竞技体操项目身体运动功能训练的需求

导语：任何专项的身体运动功能训练，如果不结合项目的特点分析项目的训练需求，那么就无从谈训练的针对性和科学性问题。本章重点阐述竞技体操项目特点，结合项目特点分析竞技体操运动员进行身体运动功能训练的原因及需求。

第一节　竞技体操项目的特点

竞技体操是运动员连续、高强度完成复杂动作的一类项目。在运动员完成成套连续动作的过程中，可以展现出身体力量及柔韧性等素质，并且不同动作类别的多样性组合，还能够展现出运动员完美完成成套动作的综合竞技能力，比较常见的动作包括空翻、平衡、力量组合等。一般情况下，运动员静力性动作的保持时间为2秒，并均衡展现难度动作。依照竞技体操运动项目的时间、强度及供能系统，竞技体操可以划分为不同的类型。跳马男女竞技项目的持续时间是5~7秒；单双杠的持续时间是25~30秒；自由体操的持续时间男不超过70秒、女不超过90秒。在这一过程中，不同项目的供能系统有所不同，因此，需要结合竞技体操项目的具体情况进行专项身体运动功能训练。

一、自由操

在自由体操比赛过程中，男子运动员需要在70秒内完成较为复杂的一连串技巧动作，而女子则需要在90秒内完成。尤其是运动员在做两周空翻时，其起跳的瞬时力量可以达到700千克，是运动员自身体重的12倍，这就需要运动员下肢的爆发力和敏捷性，使四肢更为协调，提高肢体的时间、空间判断能力，这样才可能在比赛过程中获得较好的成绩。因此，腿部爆发力训练是自由体操运动员体能训练过程中的重点内容。

二、鞍马

鞍马是竞技体操比赛中的常规项目。比赛时，运动员的所有动作都需要通过四肢的支撑来完成。尤其是其中的成套动作，运动员不可以出现停顿，且需保持较大的动作幅度。研究表明，运动员在完成上马动作的过程中，单一手臂的支撑时间相较于双臂支撑时间更长。因此，在进行鞍马体能训练时，运动员的训练重点在于优化单臂支撑能力。单臂支撑能力主要表现为腕部、肩带及上臂支撑力量。除此之外，在运动员完成动作的过程中，需要始终保持较好的身体姿势，增大动作幅度，由此也对运动员腹肌、背肌和固定躯干肌肉群训练提出较高的标准及要求。

三、吊环

一套完整的吊环动作包括静止动作、力量动作和摆动动作。完成以上动作需要运动员四肢悬垂和支撑，以直臂完成动作为核心。在比赛过程中，所做动作从摆动到静止，从静止到摆动，需要运动员有较好的臂力、肩带肌肉力量和肌群控制力，因此对运动员肩带肌肉柔韧性也提出非常高的要求。

四、双杠

在双杠项目的比赛过程中，运动员主要以摆动动作和飞行动作为主，同时通过身体的各种支撑和悬垂动作反映出本身具有的比赛潜力。比较常见的双杠动作有弧形动作、摆越动作、全旋动作、回环动作等。完成以上这些动作，需要运动员的静止支撑力量、挂臂支撑力量和运动支撑力量。除此之外，运动员还需要完成大量的其他动作，且动作持续时间较久。因此，运动员的力量、耐力训练也是体能训练的重点内容。而对于运动员速度的要求，主要表现为对各种动作节奏的控制，这方面也需要在训练过程中加以关注。

五、单杠

单杠是竞技体操中最惊险的一个运动项目，基本动作有摆动、屈伸、回环、转体、腾越、空翻等。单杠整套动作都是由摆动动作组成的，运动员以各种握法不间断地完成动作,包括大回环、近杠动作、围绕身体纵轴的转体及飞行动作,势必需要运动员有较好的身体素质。

六、跳马

完整的跳马动作由助跑、起跳、第一腾空、推手、第二腾空和落地六个部分组成。该项目要求运动员经过助跑和踏跳,用手推离马身,然后在空中完成各种动作,包括转体、空翻和旋翻等。跳马的所有动作可以分为四类,包括屈体腾越、水平腾越、前手翻和侧手翻。成功完成这些动作需要运动员具备出色的腾空高度、快速的转体技巧及稳健的着地能力。由于跳马动作速度快、要求空间有限、技术复杂,因此对运动员的肩带力量、腿部力量和空间定向能力都提出了极高的要求。

七、高低杠

一套高低杠动作包括摆起、回环、屈伸上和倒立,涉及各种沿身体纵轴的转体与空翻、绷杠、振浪、换握和腾空动作。全套动作要求充分利用高、低两杠,在一杠上最多只能连续做4个动作。这些动作对上肢、肩带和腹背肌肉力量要求较高。

八、平衡木

平衡木是女子体操项目之一,它是一种以动为主、难中求稳的竞技项目。平衡木表面狭窄,对运动员完成动作的准确性和控制身体平衡的能力提出了很高的要求。平衡木的动作包括各种跳步、转体、波浪、平衡、造型及技巧翻腾,并组成成套动作。平衡木极其考验运动员的下肢稳定性及力量,以及对空间、时间的感知觉能力。

第二节 竞技体操运动员身体运动功能训练的需求解读

一般来说，运动项目的特点决定了身体运动功能训练的特征，与体操项目的特点相对应，运动员的身体运动功能训练有如下特征。

体操项目运动员的身体运动功能训练呈现出由基础素质向专项能力提升，进而再发展支撑技术这样一个渐进转化的过程，体现了身体运动功能训练与专项训练紧密结合的特征。体操专项训练需要全面的身体运动功能训练做基础，是因为各种身体素质间相互影响、相互制约，缺一不可。片面的、单一的能力训练满足不了专项技术发展的要求。体操运动员所需的所有身体素质中，灵敏、协调、时空感及核心力量和爆发力更为重要，因为体操比的不是能力的极限挑战，而更为强调以对自身的把控能力来展现力与美，以及高度的身体灵活。因此，竞技体操运动员的身体运动功能训练追求的不是纯粹的绝对性力量，而是相对性力量。身体运动功能训练的规范要求有利于建立正确的神经传导和肌肉反射机制，提高训练效率，便于更快捷地形成技术发展所需的能力保障系统。竞技体操运动员腿部训练主要体现为爆发力训练，尤其是脚腕的弹性，牵拉反射的速度是获得弹性动力的关键，在训练方法的选择上要更加突出与专项技术紧密结合的特点。

预防伤病和伤后康复的身体运动功能训练，贵在体现预防的前瞻性训练设计和伤后恢复的适时有效性设计。容易受伤不等于必然受伤，做好了预防性身体运动功能训练就可避免受伤或减少受伤。伤后恢复训练的时机把握和负荷量设计直接影响康复的效果，过早恢复或增加负荷会导致伤情加重，过晚恢复有可能贻误时机。

综上，竞技体操项目的身体运动功能训练涵盖竞技体操运动员的功能动作障碍筛查与评估、基础与专项身体素质测试与评估、伤病预防训练、基础力量与专项力量训练、专项速度与灵敏性训练、平衡能力训练、柔韧训练、能量系统训练和恢复与再生训练这几部分内容。

第三章　竞技体操运动员的筛查与评估

导语：伤病是运动员和教练员最大的噩梦，严重时足以毁掉一个优秀的运动员。身体运动功能训练强调"无评估，不训练"，只有通过评估才能得知运动员具体情况，才能制订出合理的训练计划，给出具体的训练建议，进而通过适宜的训练预防伤病。本章通过数据调查，分析与总结竞技体操运动员损伤情况，并简要介绍功能性动作筛查、选择性功能动作评估、Y-balance测试等。通过对本章的学习，认识功能性动作筛查和选择性功能筛查，意识到筛查与评估的重要性，对"无评估，不训练"有更加深刻的理解。

第一节　损伤调查与分析

一、调查结果

因竞技体操运动需要运用全身的大部分肌肉，所以运动员损伤部位较多。由图3-1、图3-2可知，我国竞技体操运动员损伤部位主要集中于腰背部、踝部、腕部、肩部和膝部。男性运动员和女性运动员身体不同部位的损伤率相差不大，但每个具体部位存在性别差异。其中，女运动员膝和跟腱的损伤率分别是44.68%和21.28%，明显高于男运动员，而男运动员腕、肩、肘的损伤率分别是44.71%、47.06%、20%，均高于女运动员。

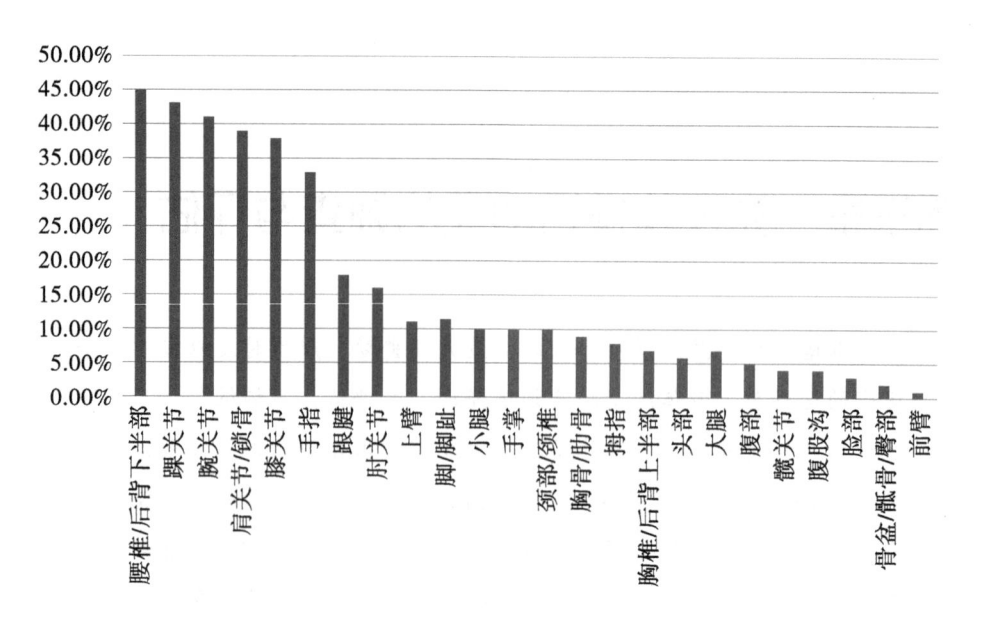

图3-1 竞技体操运动员损伤部位的分布[1]

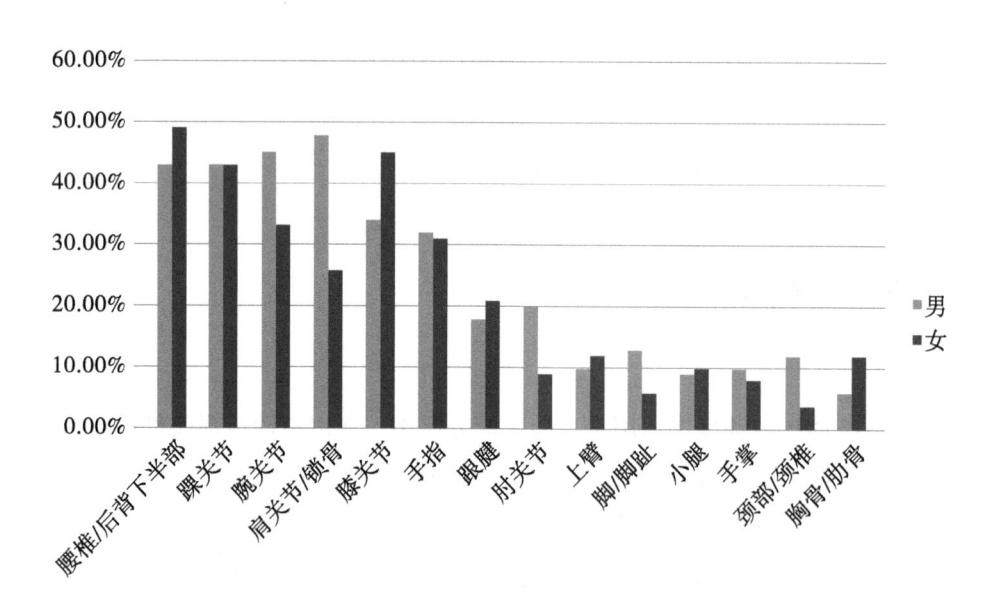

图3-2 竞技体操男女运动员主要运动损伤部位分布

---

[1] 孟新杰. 我国优秀竞技体操运动员运动损伤特征及致因研究[D]. 西安：西安体育学院，2019：13-14.

二、讨论分析

（一）伤病部位分析

竞技体操运动员年龄多为15~24岁。现如今我国竞技体操世界冠军初训最小年龄呈现"前移"态势，由3岁前移到2岁；初训最大年龄也呈现"前移"态势，由15岁前移到13岁；初训年龄峰值同样呈现"前移"趋势，由8岁前移到4岁。由此说明，我国竞技体操世界冠军初训年龄整体呈现"前移"态势[1]。因运动员从事专业训练时年龄较小，在训练过程中，不可避免会发生意外事故，损伤率大大提升，运动员的急性损伤比较普遍，长期积累下来一些慢性、劳损性伤病也就随之而来。

体操运动员的损伤最常发生在下肢，但是男子体操运动员的上肢更容易受伤，这是由项目特点决定的，因男子体操运动员大部分项目，如单杠、双杠、鞍马和吊环，比女子体操运动员需要更多的上肢力量。如图3-2所示，女运动员损伤部位的发病概率由大到小排序是腰背部、膝部、踝部、腕部和肩部，男性运动员则是肩部、腕部和踝部、腰背部和膝部。这与周祝麟在对江苏省女子体操运动员的调查中得到的：下肢在女子体操中起着重要的作用，女子项目四项中有三项以下肢为主，所以在完成动作时对下肢各关节和部位的联系要求非常高，下肢一旦受伤将直接影响自由体操、跳马、平衡木的训练，打破了训练过程的系统性，竞技水平的提高也受到影响的结论相似[2]。男子项目六项中四项以上肢为主，致使损伤主要集中在腕部和肩关节。而踝关节损伤率在竞技体操项目当中都相对较高。

（二）伤病机制分析

竞技体操运动员的伤病大多以急性损伤为主，慢性损伤次之。急性损伤有扭伤、拉伤、劳损、骨折和挫伤等，大多数研究认为扭伤和劳损是最常见

---

[1] 张凯旋. 我国竞技性体操世界冠军分布特征剖析[D].北京：首都体育学院，2023：40.
[2] 周祝麟. 2010—2013年第12届全运会周期江苏省体操队女子运动员损伤调查与分析[J]. 南京体育学院学报（自然科学版），2013，13（4）：74-77.

的损伤，上肢损伤率占25%～30%，躯干和脊柱损伤率占15%～20%，下肢损伤率占50%～65%。这些损伤的分布根据类型和解剖位置的不同而不同，在很大程度上取决于比赛水平、运动难度和运动员训练时间的长短。运动员每天的训练时间较长，伤病的发生在所难免，有时由于运动员在训练过程中动作不规范，再加上教练员没能保护得当，从器械上掉落造成急性损伤。

为追求动作的完整性、完美性，运动员在损伤后仍继续进行高强度训练，承受较大的负荷，之后又没得到及时的放松，再加上自身对恢复和再生训练重视不够，进而逐渐转化为慢性损伤。

（三）伤病原因分析

我国竞技体操运动员的损伤是项目特点、生理、训练技术、教练员的认知水平、心理及其他多种因素综合作用的结果。

1. 竞技体操项目特点

根据运动训练学项群划分，竞技体操属于技能主导类表现难美性项群，动作结构复杂、难度大，对力量、速度、柔韧及灵敏等综合素质要求极高。竞技体操比赛项目主要包括男子自由体操、鞍马、吊环、跳马、双杠、单杠和女子跳马、高低杠、平衡木、自由体操，这些项目的训练难度极高，发生损伤的概率也随着难度动作的提升而上升。例如鞍马的各种转体、双杠反手握杠等动作，长期压迫手腕，关节、肌肉和肌腱等处于高度紧张的状态，使得损伤的可能性增加。

近年来随着竞技体操向高强度、多赛制的方向发展，比赛激烈程度的提升，对运动员技术、体力和心理提出更高的要求。在杭州第19届亚运会体操女子全能决赛中，日本女子体操选手在跳马比赛热身时不慎受伤，最终放弃比赛。大量的运动损伤破坏了运动员的系统性训练，影响训练和比赛成绩的提高，不仅给运动员带来心理和生理上的巨大痛苦，还严重影响体操运动员的职业生涯。

2. 生理因素

在体操项目中，运动员会过早地进行专项化训练，这将较大程度地影响运动员的生理机能，长期训练造成关节不同程度的磨损。另外，由于竞技体操动作难度大，如果运动员身体素质较差，也会造成损伤。当运动员在体能下降身体极度疲劳的情况下，容易出现注意力不集中、反应慢、肌肉无力等表现，从而加大损伤发生的概率。欧美国家女子体操运动员的平均退役年龄为22岁左右，而我国女子体操运动员的退役年龄平均为16～18岁，处于发育期的运动员体重往往容易出现较大幅度的波动，这也是引起伤病发生的重要因素之一[1]。

3. 训练技术因素

首先，技术动作错误和局部负担过重是导致损伤发生的主要因素；其次，运动员长期高强度大负荷的训练也使主要关节局部负担过重，疲劳积累造成机体的劳损；最后，训练前的热身活动不够充分，身体未能升高至适宜温度，肌肉的伸展性受限、关节的活动范围减小，也是导致损伤产生的重要因素之一。另外，由于运动员受伤后恢复不及时且带病训练，也会导致损伤发生。

4. 教练员的认知水平

（1）教练员对运动员伤病的态度。

从所调查的体操运动员来看，他们都存在不同程度的疼痛问题，而即使有疼痛教练员依然要求运动员坚持专项技术的训练。这不仅会对运动员的健康产生影响，而且会引起更严重的损伤，最终限制运动员技术的进一步提高和运动寿命的延长。

（2）教练员对训练的认识和把握。

运动员训练包括体能、技能、战术等方面，以体能训练为例又分为一般体能训练和专项体能训练。关于传统的专项体能训练，很多教练员的认识还停留在专项体能训练就是与专项技术接近的训练。而哪些因素是决定专项体能提高的因素，以及关于专项体能训练的新的研究和理论，他们知之甚少。

---

[1] 夏俊，宣磊，郭子渊.女子竞技体操运动员青春发育期控降体重、营养膳食和训练调控方案的研究[J].吉林医学，2023，44（9）：2425-2429.

5. 心理因素

在体操比赛中，运动员的比赛成绩会受到对手在比赛中表现的影响，当对手发挥较好时，运动员的心理紧张程度往往会提升，过度紧张使得运动损伤率大大提高。当这种过度紧张心理产生后，又会造成运动员赛前过度焦虑，对落地、转体等高难度动作的稳定性和完整性产生较大影响。竞技体操运动员章瑾，在杭州亚运会体操女子高低杠比赛中发生三次掉杠现象，造成轻微损伤，在赛后的采访中她说："上场时有些慌，当时都有点想要放弃了……"以往的比赛中也有许多类似的现象发生，由此可见，如果运动员不能调整好自己的心理状态，在一定程度上会影响自己的竞技状态，从而造成运动损伤。

6. 其他因素

湿滑、不平的场地及炎热或寒冷的天气等外界因素，也是引起运动损伤的原因。在大运动量训练期间，肌肉、关节和神经系统都处于疲劳积累状态，如果忽视各种外在因素，原本可以避免的损伤就有可能发生。

第二节 功能动作筛查与分析

FMS（功能性运动筛查）是由格雷·库克等设计的一种功能评价方法，是一种革新性的动作模式质量评价系统，它简便易行，仅由7个动作构成，可以广泛用于各种人群的基础运动能力（灵活性和稳定性）评价。

FMS评分标准分为4个层级，分别按照动作表现符合动作模式（3分）、完成动作但出现代偿（2分）、无法完成动作（1分）以及出现疼痛症状（0分）来判定。通常认为，运动员在某项动作测试中出现1分（功能不良）或0分（疼痛），其训练或比赛的损伤风险增加。根据FMS测试结论，总分小于等于14分的运动员存在高损伤风险。

一、测试结果

以备战2016年里约奥运会国家男子体操队10名运动员为研究对象，进行了FMS分析与研究，10名运动员平均年龄为22.8岁（表3-1）。

表3-1 运动员年龄和专项基本情况

序号	姓名	年龄/岁	主攻专项
1	张××	25	单杠
2	黄××	25	跳马、自由体操
3	肖××	19	全能
4	屈××	21	跳马
5	吴××	20	自由体操
6	周××	22	全能
7	张××	26	跳马
8	孙××	24	自由体操
9	曹××	26	吊环
10	林××	20	全能

测试结果如表3-2、表3-3所示。

表3-2 体操男子运动员个人FMS测试分值

姓名	深蹲	跨栏步	前后分腿蹲	肩关节灵活性	仰卧直膝抬腿	直体俯卧撑	躯干旋转稳定性	总分/分
张××	3	2	2	0	3	0	2	12
黄××	0	2	2	0	3	0	2	9
肖××	3	2	2	2	3	0	2	14
屈××	3	2	2	1	3	3	0	14
吴××	3	2	2	1	3	0	0	11
周××	2	2	2	0	3	3	0	12
张××	0	2	2	3	3	0	0	10
孙××	0	3	2	3	3	0	0	11
曹××	2	2	2	3	3	1	0	13
林××	2	2	1	2	2	0	0	9

表3-3　中国国家男子体操队FMS测试整体分值分布情况（N=10）

	3分 N	3分 百分率/%	2分 N	2分 百分率/%	1分 N	1分 百分率/%	0分 N	0分 百分率/%
深蹲	4	40	3	30			3	30
跨栏步	1	10	9	90				
前后分腿蹲	0	0	9	90	1	10		
肩关节灵活性	3	30	2	20	2	20	3	30
仰卧直腿上抬	9	90	1	10				
直体俯卧撑	2	20			1	10	7	70
旋转稳定性			3	30			7	70

根据表3-2，10名体操运动员的测试总分都很低（≤14分），说明这10名运动员潜在的受伤风险很大。从表3-3可以看出，深蹲测试中，30%的运动员表现出疼痛症状；前后分腿蹲测试中，10%的运动员表现出功能不良；肩关节灵活性测试中，20%的运动员表现出功能不良，30%的运动员表现出疼痛症状；直体俯卧撑测试中，10%的运动员表现出功能不良，70%的运动员表现出疼痛症状；躯干旋转稳定性测试中，70%的运动员表现出疼痛症状。另外，从测试的7个动作来看，部分运动员在跨栏步、前后分腿蹲（直线弓箭步蹲）、肩关节灵活性3个动作中出现左右不均衡现象。

二、讨论分析

（一）深蹲测试结果分析

深蹲是评价身体灵活性和稳定性的动作，可以检测四肢对称性、髋关节和踝关节的灵活性、膝关节的稳定性、胸椎伸展灵活性以及肩关节屈和外展能力。深蹲是竞技体操运动员常用的训练动作，能够充分锻炼大腿和臀部肌肉，从而增加大腿肌肉围度与密度。深蹲几乎调动了运动员全身所有的肌肉群，练习时消耗的能量大，是竞技体操运动员备赛过程中必不可少的动作之一。在深蹲测试中，30%的运动员表现出疼痛症状。

竞技体操运动员出现深蹲0分动作的原因有如下几个：

第一，测试中部分竞技体操运动员出现骨盆左倾或者右倾的现象，由于两侧髋关节不对称，神经肌肉模式紊乱，导致一侧或双侧骨盆局部肌肉过紧，这些过紧的肌肉迫使骨盆处于倾斜的位置[1]。

第二，大腿前后肌力不均衡与踝关节背屈能力不足，导致部分运动员无法完成下蹲动作。这是由于竞技体操运动员较为重视大腿前侧肌群而忽视了后侧肌群和臀肌的训练，根据交叉抑制理论[2]，这会造成屈髋肌群功能下降，进而影响伸髋肌群的功能，而足背屈能力较弱的运动员在抬高脚跟后，深蹲幅度明显提高。

（二）跨栏步测试结果分析

跨栏步测试主要是为了评价日常步态的动作模式是否具备完整性，检测竞技体操运动员髋、膝、踝关节的灵活性与稳定性。当身体灵活性、稳定性和姿势正常时，不会出现代偿动作。从表3-3可以看出，有90%的运动员得到2分，大部分运动员普遍存在下肢两侧不对称、动作代偿的问题。

2分动作出现的原因主要有以下几个：

第一，跨栏腿抬起有困难。竞技体操运动员在日常训练中，过度关注大腿前侧肌群的训练，使得髂腰肌过度紧张，造成前后肌力不平衡，髂腰肌紧张会加大对腰椎的压力，从而造成肌肉疲劳，引起腰酸背痛。这样会对腿部的力量产生影响，随着时间的推移，问题也就逐渐显现出来。

第二，测试中发现部分运动员髋关节和踝关节灵活性稍差，在将跨栏腿抬起后，髋、膝、踝关节没有在一条垂直线上，导致膝关节和踝关节产生外展代偿动作。

第三，骨盆的倾斜度也会对竞技体操运动员的测试成绩产生直接的影响。

（三）前后分腿蹲测试结果分析

前后分腿蹲动作（直线弓箭步）主要用于检测膝关节稳定性、髋关节和踝关节的灵活性。前后腿交叉姿态可以对后腿踝关节、膝关节和髋关节稳定性以

---

[1] 刘美.浅谈骨盆倾斜症运动康复方法[J].体育世界（学术版），2019（5）：159-160.
[2] 郑沛，霍洪峰.足外翻肌群激活练习：对拮抗肌弹性、张力及硬度的交互抑制效应[C].第十二届全国体育科学大会论文摘要汇编——专题报告（运动生物力学分会），2022.

及股直肌的柔韧性进行测试。在前后分腿蹲测试中，10%的运动员表现出功能不良；90%的运动员得到2分，出现代偿现象。

在测试中出现2分动作的原因主要有以下几个：

第一，运动员下落时出现下肢不稳定、身体晃动的情况，主要是髋关节与踝关节的灵活性与稳定性不够导致的。

第二，部分运动员躯干出现前倾动作，主要是由于竞技体操运动员髂腰肌和股直肌等过度疲劳、肩前肌群紧张、胸椎后突等。

（四）肩关节灵活性测试结果分析

肩关节灵活性测试可以检测运动员身体两侧肩关节的活动范围和肩关节内收、内旋、外展、外旋能力。肩关节是人体最灵活的关节之一，所有的上肢运动都离不开肩关节。肩关节的运动范围限制与胸椎灵活性和上背部的肌肉紧张有关，竞技体操运动员做双杠肩倒立、高低杠中的各种回环转体等动作都离不开肩关节。肩关节灵活性测试中，部分运动员存在双侧的不对称现象，20%的运动员表现出功能不良，30%的运动员表现出疼痛症状。

竞技体操运动员的这项测试结果较差，有30%的运动员出现0分动作的原因主要有以下几个：

第一，训练受伤，未能及时恢复。所有的体操项目都需要肩关节参与，运动员受伤后未能够及时恢复和再生，导致肩关节肌群力量薄弱，产生疼痛现象。

第二，左右受力不均匀。在日常训练过程中，竞技体操运动员习惯用自身的惯用侧来完成杠上旋转、手翻、地面上的空翻以及跳马等技术动作，这也是导致疼痛产生的重要原因。

（五）仰卧直腿上抬测试结果分析

仰卧直腿上抬动作主要是检测运动员后侧肌群的柔韧性、前侧肌群主动收缩能力、单侧髋关节灵活性以及另一侧髋关节的牵拉伸展性程度和核心肌群对称性。该测试无需外加负荷。在女子体操项目中，低杠换高杠、劈叉跳、连续后手翻等，都属于典型的主动直腿上抬；男子体操项目中，也有很多动作都需要主动直腿上抬。在仰卧直腿上抬测试中，有9名运动员都是满分（3分），测试结果较好。

造成这个结果主要有两个方面的原因：

第一，体操项目对运动员下肢柔韧性要求极高，因此运动员在很小的时候教练员就重视下肢柔韧性练习。

第二，测试中发现运动员的下肢后侧肌群和臀肌不够发达，力量较弱。

（六）直体俯卧撑测试结果分析

直体俯卧撑动作可以检测运动员矢状面的躯干稳定性及肩关节的力量。采用直体俯卧撑的姿势，可以很好地反映上肢在做对称运动时，身体是否能够在矢状面上保持平衡。在直体俯卧撑测试中，10%的运动员表现出功能不良，70%的运动员有疼痛症状。

从表3-3可以看出，关于该动作模式，竞技体操运动员存在的问题较为突出，有70%的运动员得到最低分（0分），主要原因有以下几个：

第一，核心肌群稳定性较差，同时由于运动员还未建立正确的动作模式，使得躯干无法均衡而稳定地将力量上下传递，具体表现为臀、背部先起，而后躯干再起。如果运动员的核心肌群无法稳定躯干，可能使肩关节出现过度内旋，进而迫使肱骨向上挤压冈上肌腱导致肌腱炎，也可能使运动员在抗阻过程中脊柱超伸，进而使深层竖脊肌压力激增，从而出现腰肌劳损等肌肉慢性损伤[1]。

第二，在撑起过程中，部分竞技体操运动员的骨盆和脊柱发生不同程度的轻微转动。

第三，竞技体操运动员的躯干部位存在严重缺陷，有力量弱、稳定性差及腰部劳损等问题。

（七）躯干旋转稳定性检测结果分析

躯干旋转稳定性动作要求运动员通过上下肢协同运动，检查骨盆、身体核

---

[1] 杨泉峰，赵可伟.上肢屈曲运动与腰背部功能状态的肌电分析［C］.2011年中国生理学会运动生理学专业委员会会议暨"运动与骨骼肌"学术研讨会论文集，2011.

心及肩带稳定性。这是一个综合性动作，需要保持良好的躯干能量传递能力以及神经肌肉控制的能力。该动作模式能够展示竞技体操运动员冠状面和矢状面上的躯干稳定性能力，并反映躯干灵活性和稳定性的协调作用。躯干旋转稳定性测试中，70%的运动员表现出疼痛症状，这与直体俯卧撑测试结果较为相似。

竞技体操运动员躯干旋转稳定性测试出现低分的原因有以下几个：

第一，竞技体操运动员肩胛骨和髋关节稳定性受损，膝、髋、脊柱和肩的灵活性受限，旋转稳定性不足，使得身体处在扭曲的状态，造成部分肌肉和关节承受过大的负荷，降低完成整套动作的能力，进而导致测试分数降低。

第二，屈曲同侧髋和膝关节，将肘向膝靠拢的动作难度较高。由于竞技体操运动员在训练过程中做难度动作时偏向自己的惯用侧，导致身体每一侧的肌肉力量不同，因此会出现向一侧倾斜、身体左右晃动的情况。

第三节　选择性功能动作筛查与分析

选择性功能动作评估（SFMA）是依据身体区域相互依存的概念设计的，是在功能性动作筛查的基础上对动作模式的进一步细化，以此来达到逐步确定受试者身体各部位是否存在基本运动功能障碍。SFMA主要通过七个不同的动作模式来评估，包括颈部动作模式、上肢动作模式、多部位屈曲、多部位伸展、多部位旋转、单腿站立和高举深蹲。

SFMA的评估结果主要包括两个部分：一是"是否具有正常功能"，二是"是否在评估过程中出现疼痛现象"。为了便于记录，通常会用F（Function，功能正常）、D（Dysfunction，功能障碍）、P（Pain，疼痛）、N（No pain，无痛）四个字母进行组合评判：FN（功能正常和无痛）、FP（功能正常和疼痛）、DN（功能障碍和无痛）、DP（功能障碍和疼痛）。

一、测试结果

国家体操队一线队员进行选择性功能动作评估结果如表3-4、表3-5所示。

表3-4 国家体操队一线队员进行选择性功能动作评估的结果[1]

测试者	颈部灵活性评估 前屈	后伸	旋转 左	旋转 右	肩关节评估 内旋 左	内旋 右	外旋 左	外旋 右	体前屈	体后仰	多方向旋转 左	多方向旋转 右	单腿站立 睁眼 左	睁眼 右	闭眼 左	闭眼 右	深蹲
郑×	FN	FN	FN	FN	FN	DP ★	FN	DN ▲	FN	FN	FN	FN	FN	FN	FN	FN	FN
黄××	FN	FN	FN	FN	FN	FN	FN	FN	FN	FN	FN	FN	FN	FN	FN	FN	FN
商××	FN	FN	FN	FN	FN	DN	FN ▲	FN	FN	FN	FN	FN	FN	FN	FN	FN	DN ▲
谭××	FN	FN	FN	FN	FN	FN	FN	FN	FN	FN	FN	FN	FN	DP	FN	DP	DP
陈××	FN	FN	FN	FN	FN	FN	FN	FN	FN	FN	FN	FN	FN ★	FN	★	FN	★
吕××	FN	FN	FN	FN	FN	FN	FN	FN	FP ■	DP ★	FN	DP ★	FN	FN ▲	FN	FN	DN ▲
王××	FN	FN	DN ▲	FN	DN	FN	FN ▲	FN	FN	FP ■	FN	FP ■	FN	FN	FN	FN	DN ▲
刘××	FN	FN	FN	FN	FN	FN	FN	FN	FN	FN	FN	FN	FN	FN	DN ▲	DN	DN ▲

[1] 范冬香. 国家体操队一线队员损伤的运动功能诊断与物理治疗方法探索[D]. 北京: 首都体育学院, 2016: 43.

（续表）

测试者	颈部灵活性评估	肩关节评估	体前屈	体后仰	多方向旋转	单腿站立	深蹲
范××	FN FN FN	FN FN FN	FN	FN	FN FN	FN FN FN	DN ▲
姚××	FN FN FN	DP FN DP FN ★	FN	DN ▲	FP ■ FN	FN FN DN FN ▲	DN ▲
程×	FN FN FN	FN FN FN	FN	FN	FN FN	DN FN DN FN ▲	DP ★
林××	DP FN FN ★	DP DP DP ★★★	FN	FN	FN FN	FN FN FN	FN
刘××	FN FN FN ★	DP FN FN ★	FP ■	DP ★	DP DP ★ FN	FN FN DN FN ▲	DN ▲
周××	FN FN FN	FN FN FN	FN	FN	FN FN	FN DP FN DP ★	DP ★
张××	FN FN FN	FN DP FN DP ★	FN	DN ▲	FN FN	FN FN FN	FN

注：该表为运动员进行物理治疗之前的测试结果。

★ DP 表示国家体操队一线队员在进行选择性功能动作评估中，不能正常完成功能性评估动作。
▲ DN 表示国家体操队一线队员在进行选择性功能动作评估中，不能正常完成功能性评估动作，但是未出现疼痛现象。
■ FP 表示国家体操队一线队员在进行选择性功能动作评估中，能够正常完成功能性评估动作，但是出现了疼痛现象。

15名一线队员在进行功能性动作评估后，14名一线队员出现不同程度的伤情，占到评估总人数的93.33%，出现★DP25处，出现DP的评估项目主要为肩关节的评估，占40%，单腿站立及深蹲出现DP占DP总量的32%。出现■FP5处，出现▲DN20处，出现DN的评估项目主要为单腿站立及深蹲两项测试，占DN总量的65%。

表3-5 国家体操队一线队员进行选择性功能动作评估结果人次分布表（人）

			FN（功能正常和无痛）	FP（功能正常和疼痛）	DN（功能障碍和无痛）	DP（功能障碍和疼痛）
颈部前屈			14	0	0	1
颈部后伸			15	0	0	0
颈部旋转		左	13	0	1	1
		右	15	0	0	0
肩关节内旋		左	11	0	1	3
		右	11	0	1	3
肩关节外旋		左	12	0	1	2
		右	12	0	1	2
体前屈			13	2	0	0
体后仰			10	1	2	2
多方向旋转		左	13	1	0	1
		右	12	1	0	2
单腿站立	睁眼	左	14	0	1	0
		右	13	0	0	2
	闭眼	左	10	0	5	0
		右	12	0	1	2
深蹲			4	0	7	4

二、讨论分析

（一）颈部筛查分析

在颈部测试中，运动员都表现出较好的颈部灵活性，测试的15名一线运动员中仅有3人次在颈部前屈和颈部左侧旋转中出现功能障碍，在体操项目中许多动作都需要运动员"梗"住颈部，以便更好地完成难度动作。但在日常的训练过程中，运动员还是需要注意充分地活动颈部，预防损伤。

（二）上肢动作模式分析

在上肢动作模式测试中，有10人在肩关节内旋、外旋时出现DP，这与体操的项目特征和技术特点有较大关系，例如，男子体操吊环、单杠，女子体操高低杠等项目，肩关节受力较多，容易受伤，而且运动员普遍存在上肢肌肉局部力量较弱、左右不对称和前后不均衡等现象。巴克（Bak K）等比较了男子和女子体操运动员上肢受伤的发生率，发现男子体操运动员上肢损伤（53.4%）的比例大于下肢（32.8%），女子上肢损伤的发生率为11%~53%。凯勒（Keller MS）等对青少年体操运动员肩关节损伤影像学进行研究发现，肩关节是男子体操最常见的损伤部位。据推测，在男子体操项目中，吊环、单杠、双杠、鞍马等项目会增加上肢的压力和负荷，导致受伤。最常见的体操肩部损伤包括肩袖撞击症、肩袖劳损、盂唇撕裂、急性肩关节脱位和肩关节多向不稳定。最常见的诊断是肌肉劳损[1]。因此，在筛查肩关节时出现较多DP。

（三）躯干筛查分析

在体前屈测试中，由于体操运动员的整体柔韧性较好，测试结果良好。但在体后仰测试中，有4人出现功能障碍现象，这是由于运动员在训练时腰部

---

[1] Keller MS. Gymnastics injuries and imaging in children [J]. Pediatric Radiolgy, 2009, 39 (12): 1299-1306.

受伤，体后仰动作不能高质量完成。在单腿站立及深蹲测试中，出现DN人数明显增多，两项出现的DN占DN总量的65%。经测试发现，运动员普遍存在胸椎、髋关节、踝关节的灵活性差，腰椎和膝关节的稳定性差以及身体两侧肌肉不对称等共性问题，导致出现代偿动作，进而产生功能障碍或者疼痛。

由此可知，运动员在训练时不仅要预防伤病的发生，更要注意两侧肌肉及关节的对称性练习，改善腰椎稳定性，松解过度紧张的肌肉，如髂腰肌、腘绳肌等。

第四节 Y-BALANCE测试与分析

一、测试内容简介

Y-balance测试可以分为上肢Y-balance测试和下肢Y-balance测试，为了便于描述，下文分别简称为"YBT-UQ"和"YBT-LQ"。YBT-UQ主要用来测试上肢和躯干的力量、灵活性，以及本体感觉和动态稳定性。YBT-LQ主要用来测试下肢和躯干的力量、灵活性，以及本体感觉和动态稳定性。

因Y-balance的评分标准根据受试者的年龄、性别和所从事运动不同有一定变化，但有一点是明确的，不管是YBT-UQ还是YBT-LQ测试，左右两侧的数据不应该有很大的差异，下面将具体介绍。

上肢的测试中，在中外侧、下外侧、上外侧三个测试方向上，左右侧手测试结果差距不应该超过4厘米。综合评分计算方法是：三个测量方向最远距离的总和除以三倍的臂长再乘以100。综合评分的结果不能低于临界值。临界值是通过个人的年龄、性别、运动专项来确定的。

下肢的测试中，在向前侧方向伸出时，左右腿伸出距离对比，最大差不应超过4厘米；在向后中侧与后外侧方向伸出时，左右腿伸出距离对比，最大差不应超过6厘米，且综合得分（通过三个测量方向最远距离的总和除以三倍的下肢长度再乘以100）不应小于被试者年龄、性别、体育或体力活动的临界值。

二、测试结果与分析

国家体操队一线队员Y-balance测试的结果如表3-6所示。

表3-6 国家体操队一线队员Y-balance测试的结果[1]

	上肢/厘米						下肢/厘米					备注
	中外侧		外下侧		外上侧		前侧		后中侧		后外侧	
	左	右	左	右	左	右	左	右	左	右	左	右	
郑×	83		70.5		69.5		57.5	59	97.5	99	102.5	105	右肩受伤
黄××	81	82.5	69.5	71	67	68.5	57	60	100	103	103.5	107	
商××	87.5	85	67	61.5	71	63	47	53	96	101.5	94	106	
谭××	80	81.5	72	74	70.5	71							右踝受伤
陈××		69.5		62.5		61	46	51	88	91.5	90	93	左肘受伤
吕××	77		70		69.5		60.5	57	85	83	99.5	97	左侧腰部受伤
王×	75	71	69	63	77	73.5	63.5	62.5	83.5	84	91	92	
刘××	73.5	77	68	69	59	54	57	50.5	96	92	104	102	
范××	81	82	78.5	79.5	65.5	62	63.5	62.5	84	85	90.5	91	
姚××		84		80.5		63	64	62	100.5	101	103	105	左侧肩伤
程×	80.5	83	85.5	87	71	74							左踝受伤
林××							61.5	62	102.5	112	116	117.5	肩部受伤
刘××	84	91	85	86.5	70	76	63.5	64	106	111.5	113	115	
周××	78.5	81	67	72	66.5	69							右踝受伤
张××	86.5		78		81		69	69.5	108.5	114	112	117	右肩受伤

注：该表为运动员进行物理治疗之前的测试结果。

平衡能力是人体维持站立、行走以及协调地完成各种动作的重要保障。对于体育运动而言，平衡能力是人体完成各种技术动作的基础保障，尤其是在强

---

[1] 范冬香. 国家体操队一线队员损伤的运动功能诊断与物理治疗方法探索[D]. 北京：首都体育学院，2016：44.

调保持身体姿势和动作协调的项目中，良好的平衡能力是运动员发挥训练水平、完成技术动作的基本要求[1]。人体的平衡能力主要包括静态平衡能力和动态平衡能力。动态平衡能力包括两个方面：自动态平衡，即人体在进行各种自主运动，如由坐到站或由站到坐等各种姿势的转换运动时能重新获得稳定状态的能力；他动态平衡，即人体对外界干扰，如推、拉等产生反应、恢复稳定状态的能力。Y-balance测试要求神经—肌肉系统具有高度协调性，测试是在运动员不稳定的情况下执行的，因此它能够反馈神经肌肉系统的控制能力[2]。

在以上测试结果中，有部分运动员因受伤无法完整完成Y-balance测试，在上肢中外侧测试中，一名运动员双侧的距离差大于4厘米；在上肢外下侧测试中，有两名运动员双侧的距离差大于4厘米；在上肢外上侧测试中，有三名运动员双侧的距离差大于4厘米；在下肢前侧测试中，有两名运动员双侧的距离差大于4厘米；在下肢后外侧测试中，有一名运动员双侧的距离差大于6厘米。以上几名测试距离差较大的运动员，训练时更容易受伤。

第五节　基础和专项身体素质测试与分析

一、测试内容简介

在体操项目中，男子、女子体操项目所需的相应专项身体素质稍有差异，但大体上专项身体素质只要从力量、速度、耐力、柔韧、协调、灵敏等方面进行训练（表3-7和表3-8）。

---

[1] 王坤. 4周PNF训练对功能性踝关节不稳患者动态平衡能力的影响[D]. 北京：北京体育大学，2011：7.

[2] Onate JA, Dewey T, Kollock RO, et al. Real-time intersession and interrater reliability of the function movement screen [J]. J Strength Cond Res, 2012, 26（2）：408-415.

表3-7 国家体操队男子体能测试指标和评分标准

评价标准	基础体能						二选一		专项体能			二选一	
	30米/秒	垂直纵跳/厘米	深蹲相对力量	卧推相对力量	腹肌耐力/秒	背肌耐力/秒	2000米测工仪	12米折返跑15趟	5.5米爬绳/秒	双杠推倒立	分腿水平支撑/秒	吊环十字支撑/秒
10	≤4.1	≥65.0	≥2.40	≥2.10	≥145	≥150	≤08'30"	≤1'32"	≤6.5	≥20	≥18.0	≥8.0
9	4.2	63.0	2.30	2.50	140	145	08'50"	1'34"	6.8	19	17.0	7.5
8	4.3	61.0	2.20	2.00	135	140	09'10"	1'36"	7.1	18	16.0	7.0
7	4.4	59.0	2.10	1.95	130	135	09'30"	1'38"	7.4	17	14.0	6.5
6	4.5	57.0	2.00	1.90	120	130	09'50"	1'40"	7.7	16	12.0	6.0
5	4.6	55.0	1.90	1.85	110	120	10'10"	1'43"	8.0	15	10.0	5.5
4	4.7	53.0	1.80	1.80	100	110	10'30"	1'46"	8.4	14	8.0	5.0
3	4.8	51.0	1.70	1.75	90	100	10'50"	1'49"	8.8	13	6.0	4.0
2	4.9	49.0	1.60	1.70	80	90	11'10"	1'52"	9.2	12	4.0	3.0
1	5.0	47.0	1.50	1.60	70	80	11'30"	1'55"	9.6	11	2.0	2.0
0	>5.0	<47.0	<1.50	<1.60	<70	<80	>11'30"	>1'55"	>9.6	<11	<2.0	<2.0

表3-8 国家体操队女子体能测试指标和评分标准

评价标准	基础体能						二选一		专项体能				
	体脂/%	30米/秒	引体向上/次	5步单足跳/米	20次悬垂举腿/秒	2000米测工仪	12米折返跑15趟	5.5米爬绳/秒	连续5步蛙跳/米	15次分腿提倒立/秒	连续屈伸上并腿摆倒立/次	10次连续后团/秒	48米爬倒立/秒
10	≤12.0	≤4.60	≥35	≥22.0	≤23.0	≤09'00"	≤1'40"	≤12.0	≥11.7	≤20.0	≥23	≤13.0	≤26.00
9	13.0	4.65	34	21.5	23.5	9'20"	1'42"	12.5	11.6	23.0	21	14.0	27.50
8	14.0	4.70	33	21.0	24.0	9'40"	1'44"	13.0	11.5	26.0	19	15.0	29.00
7	15.0	4.75	32	20.5	25.0	10'00"	1'46"	13.5	11.4	29.0	17	16.0	30.50
6	16.0	4.80	31	20.0	26.0	10'20"	1'48"	14.0	11.2	32.0	15	17.0	32.00
5	17.0	4.90	30	19.5	27.0	10'40"	1'50"	14.5	11.0	36.0	13	18.0	34.00
4	18.0	5.00	29	19.0	28.0	11'00"	1'52"	15.0	10.8	40.0	11	19.0	36.00
3	19.0	5.10	28	18.5	29.0	11'20"	1'54"	15.5	10.6	44.0	9	20.0	38.00
2	20.0	5.20	27	18.0	30.0	11'40"	1'56"	16.0	10.4	48.0	7	21.0	40.00
1	21.0	5.30	26	17.5	31.0	12'00"	2'00"	16.5	10.2	52.0	5	22.0	42.00
0	>21.0	>5.30	<26	<17.5	>31.0	>12'00"	>2'00"	>16.5	<10.2	>52.0	<5	>22.0	>42.00

二、测试结果与分析

由于竞技体操运动员身体素质各有不同，在进行专项身体素质测试时，应根据运动队的整体情况，设置较为合理的测试内容。以下是山东省男子自由体操队8名运动员制订训练计划前的身体素质测试结果（表3-9）。

表3-9　男子自由体操运动员冬训前体能测试结果[1]

姓名	力量素质训练 卧推/千克	力量素质训练 深蹲/千克	力量素质训练 爬绳/组	速度素质训练 30米计时跑/秒	爆发力训练 纵跳/厘米	爆发力训练 引体向上/次	爆发力训练 原地蛙跳/厘米	柔韧素质训练 坐位体前屈/厘米	耐力素质训练 3000米跑/分钟
闫××	99.1 优	119.2 良	2 良	4.66 良	50 优	23 优	289 优	26 优	14.54 良
葛××	105.7 优	110 良	2 良	4.28 优	48.6 优	20 优	272 良	27 优	19.35 差
韦××	75.2 优	71.5 差	2 良	4.70 良	51 优	12 差	252 差	28 优	18.29 差
宋××	88.5 优	82.3 差	2 良	4.54 良	58.2 优	17 良	258 差	26 优	14.24 良
王××	111 优	127.5 优	2.5 优	4.60 良	51.9 优	24 优	270 良	28 优	16.23 差
穆××	85.9 优	85.7 差	2 良	5.06 差	53.4 良	15 良	297 优	15 良	20.07 差
徐××	98.3 优	126.9 优	2.5 优	4.76 良	48.2 优	24 优	257 差	24 良	14.24 良
周×	89.2 优	107.5 优	2.5 优	4.86 良	43.4 良	20 优	250 差	24 优	17.33 差

---

[1] 海天威. 山东省优秀男子自由体操运动员体能训练计划制定与效果实证[D]. 济南：山东体育学院，2020：30-31.

通过表3-9可知，运动员耐力素质、深蹲及原地蛙跳测试结果整体较差，纵跳等爆发力素质、30米计时跑速度素质一般，坐位体前屈测试结果较好。这是由于竞技体操对运动员柔韧素质要求较高，因此运动员在日常训练时会格外注重。表现相对不错的还有卧推、爬绳、引体向上等以上肢力量为主的测试，也就说明队员上肢力量练习较多，下肢力量较弱，需要重点加强。在男子自由体操专项体能训练中，爆发力素质的训练是重中之重，根据运动员自身的不足进行体能训练，才能使运动员运动表现得以优化[1]。

以下为我国8名12～14岁女子竞技体操运动员（国家集训队运动员）专项身体素质测试结果（表3-10）。

表3-10 运动员成绩[2]

项目	何×× 2006年 12岁素质成绩	张× 2005年 12岁素质成绩	胡×× 2005年 13岁素质成绩	李×× 2005年 13岁素质成绩	肖× 2005年 13岁素质成绩	邓×× 2005年 13岁素质成绩	江×× 2005年 14岁素质成绩	刘× 2005年 14岁素质成绩
连续屈伸上摆倒立	及格	优秀	优秀	良好	及格	优秀	优秀	及格
平衡木纵木控倒立	不及格	优秀	及格	优秀	优秀	良好	优秀	及格
平横木横木分腿慢起倒立	良好	优秀	良好	良好	优秀	优秀	优秀	及格
4米爬绳	不及格	不及格	优秀	良好	良好	良好	优秀	良好
横杠控倒立	及格	优秀	优秀	优秀	优秀	优秀	优秀	及格
屈体悬垂收腹举腿15次（计时）	良好	良好	不及格	优秀	优秀	优秀	良好	及格
直体悬垂引拉成倒悬垂	优秀	优秀	优秀	优秀	优秀	优秀	优秀	优秀
连续双摇跳绳	优秀	优秀	优秀	不及格	优秀	优秀	优秀	优秀
五步连续蛙跳	不及格	不及格	不及格	及格	及格	及格	良好	不及格
200米跑	及格	及格	良好	良好	良好	良好	良好	良好

---

[1] 海天威.山东省优秀男子自由体操运动员体能训练计划制定与效果实证[D].济南：山东体育学院，2020：46.

[2] 孙伟.我国12～14岁少年女子体操运动员专项身体素质训练水平的研究[D].武汉：武汉体育学院，2007：17.

从表3-10可以看出，连续屈伸上摆倒立、平横木横木分腿慢起倒立、横杠控倒立、直体悬垂引拉成倒悬垂、200米跑素质测试，运动员表现较好，没有不及格的成绩。但是五步连续蛙跳素质测试8名运动员中4名运动员不及格，没有运动员达到优秀，说明我国女子体操运动员下肢力量训练还有不足，因此要想提高我国女子跳马、自由体操两个弱项的运动成绩，还需重点抓好运动员的下肢基础与专项力量。由以上测试结果可以得知，男子和女子竞技体操运动员躯干核心区力量及下肢柔韧性较好，但都出现下肢力量较弱的现象，而下肢运动能力在体操运动项目中起着至关重要的作用。因此，竞技体操运动员需要强化核心区和下肢力量。

第四章 竞技体操运动员的伤病预防训练

导语：本章阐述了伤病的生理学基础和如何利用身体功能动作诊断来发现竞技体操运动员身体运动链中的薄弱环节及对应的解决方法与手段。通过矫正训练加强薄弱环节，改善不良动作和功能障碍，从而达到预防或减少运动损伤，提高竞技体操运动员的运动表现力，最终达到减少伤病发生，提高运动员竞技能力的目的。

第一节 伤病的生理学基础及伤病预防

一、扳机点的生理学基础

当我们想移动或使用肌肉时，肌肉会明显地随意收缩。然而，有时整个肌肉会不随意收缩，我们称为痉挛。肌肉的一小部分不随意收缩，产生疼痛和功能障碍，我们称为激痛点状态。研究表明，激痛点是肌肉骨骼疼痛最常见的原因。疼痛科医生发现，目前将近75%的疼痛是由激痛点引起的。激痛点引起肌肉持续紧张，进而使肌肉无力，并且增加肌肉骨骼连接处的应力。这通常会导致关节附近疼痛，激痛点区别于其他肌肉疼痛的一个显著特征就是激痛点总是牵涉身体其他部位的疼痛。这也是很多疗法无效的原因。大多数疗法认为疼痛区域就是疼痛的来源，而真正的病因可能是一个完全不同的位置。

二、肌筋膜的生理学基础

筋膜是指包在肌肉外边的结缔组织，浅筋膜又叫皮下筋膜，位于皮下，对深层的肌肉、血管、神经具有保护功能。深筋膜位于浅筋膜深面，形成肌间隔，约束肌肉牵引方向，保证肌肉或肌群单独活动。肌肉是不能直接连接在骨骼上的，必须通过筋膜附着连接在骨骼关节上。传统的拉伸和放松训练，只能对其中的肌肉进行激活和放松，大多数肌肉附着点为致密的结缔组织，里面血液、神经较少，不容易在伤病预防和恢复再生训练时被有效激活。而仅对中间部分的肌肉进行拉伸，肌肉附着点久而久之得不到有效刺激和唤醒，逐渐就会发生磨损，从而引起各种肌腱炎等运动损伤的发生。

筋膜解剖结果已经证明人体是一个完整的系统，利用网球（或垒球）、按摩棒、泡沫轴等器械可以对软组织进行各种激活，而且还可以对淋巴系统进行相应刺激，促进淋巴系统循环。

三、伤病预防的内容与方法

良好的动作模式和平衡的身体结构排列为运动员的运动训练提供基本保障，是高水平运动训练和损伤预防的前提条件。通过姿势与动作模式的评估，找出身体结构排列与动作模式的问题，可以帮助我们揭示身体潜在的肌肉平衡、关节活动度、稳定性与肢体协调和神经肌肉控制等问题，进而发现运动损伤风险与运动表现的限制性因素。然后针对以上问题进行有针对性的矫正练习，以解决人体肌肉平衡与神经肌肉控制问题、姿势与动作模式缺陷与不足，从而达到有效预防运动损伤，提高人体运动能力，为高水平运动训练提供支持与保障的目的。对于伤后恢复期的运动员，矫正练习可解决身体代偿问题，更是预防损伤复发和提高运动表现的高效手段。这些矫正训练包括肌肉筋膜放松技术、牵拉放松技术、肌肉激活练习和神经肌肉控制的整合动作模式训练等，而且在解决具体问题的时候需遵循一定的原则，按照一定的流程完成以上技术，从而达到最佳的矫正效果。

第二节 矫正练习实践

本节将系统介绍上肢、躯干、下肢的姿势评估、动作评估与分析，并且根据评估结果，给出常见动作异常矫正练习的具体流程和规范，包括针对性地松解、牵拉、孤立肌肉激活练习和纠正异常动作的整体动作练习方法。

一、上肢矫正练习

肩部周围的关节囊和韧带结构在肩部静态稳定性中起到重要作用，但是动态稳定性还需要通过肩带周围的神经肌肉控制获得。稳定性通过静态和动态的稳定结构保持，这些稳定结构共同作用以获得高速度且精确的动作。肩关节的灵活性也是肩部进行高速度且精确动作的保证，这主要与肩部软组织及肌肉的柔韧性有关。在进行肩部矫正练习之前需要对肩部姿势与动作进行评估，找到问题，然后给出具有针对性的纠正练习方案。常用的肩部评估方案包括静态姿势与臂上举下蹲、上肢推拉等。

（一）静态姿势评估

上交叉综合征是肩部功能障碍常见的姿态表现，表现为肩部圆滑和头前伸，会改变肩带的关节动力链，增加肩部压力和潜在损伤（图4-1）。主要存在胸部肌肉紧张和上背部肌肉薄弱等问题。上交叉综合征往往是肩部动作异常的常见原因之一，主要通过前胸部肌肉放松和上背部肌肉力量练习来进行矫正。

（二）动作评估

图4-1　上交叉综合征

上肢的动作评估主要是通过涉及上肢的几个动作对肩部动作姿态进行观察，以发现肩部是否存在动作代偿，进而了解肩部的肌肉平衡与神经肌肉控制问题。为运动过程中存在的肩部动作效率下降及其原因提供信息，为肩部的矫正练习提供直接的依据。

1. 举臂下蹲

举臂下蹲用来评估全身多关节的动态灵活性与稳定力量、身体平衡和神经肌肉整体控制。手臂与躯干夹角显示为手臂前落代偿动作，提示肩部肌肉与动作异常；明显塌腰动作也可能与肩部动作异常有关。

起始姿势：双脚站立，与肩同宽，脚尖向前，足和踝应该保持中立位。

动作过程：举双臂过头，肘完全伸展，下蹲到大约大腿与地面平行，回到起始的姿势。（图4-2）

练习要点：从前方观察，应该保持足尖朝向正前方，膝关节和足（第二三脚趾）在一条直线上，双臂与头颈部夹角对称，双手高度一致；从侧面观察上肢与躯干是否在一条直线上，是否出现塌腰和明显的头前伸；从后面观察，腰—骨盆—髋复合关节不应该左右转移。

图4-2　举臂下蹲（手臂前落和塌腰代偿）

2. 俯卧撑

俯卧撑评估与推有关的活动，以及腰—骨盆—髋复合关节的功能及肩胛骨和颈椎的稳定性。

起始姿势：测试者俯卧位，双手分开略比肩宽，膝完全伸直。根据个人的能力，女性也可用膝关节支撑的跪卧撑。

动作过程：用力推地，胸部向前直到肩胛骨处于前伸位。测试者应该用2—0—2（2秒撑起，0秒坚持，2秒下落）的速度缓慢重复动作10次左右或至疲劳不能继续完成动作。（图4-3）

练习要点：防止出现耸肩和肩胛骨上翘；观察颈椎是否与身体在一条直线上。

图4-3　俯卧撑

3. 双臂负重推拉

负重推拉动作用来评估肩部、颈椎与核心区的稳定性。

起始姿势： 指导测试者站立位，根据个人的能力双手持重物。

动作过程： 连续完成推拉动作，动作过程要求肩胛骨有前后移动，配合手臂的屈伸，缓慢重复动作5次左右。（图4-4）

练习要点： 防止出现耸肩和肩胛骨上翘，观察手臂与颈椎是否与身体在一条直线上。

图4-4 双臂负重推拉

（三）肩部动作异常的矫正训练

1. 手臂前落

手臂前落的原因有背部和肩部问题，包括前胸、背阔肌和肩部前旋肌群的紧张，肩部后旋肌群、菱形肌与斜方肌中、下束的无力，以及肩部神经肌肉控制问题。

（1）第一步：松解

使用泡沫轴松解背阔肌和其他限制肩部上举的肌肉，并利用泡沫轴松解胸椎以增加胸椎伸展度。开始几次会有明显疼痛，反复使用3～5天后疼痛减轻，随之肩关节的活动范围也会逐渐加大。

起始姿势：仰卧于地板上，将泡沫轴置于背部或肩部。

动作过程：仰卧位，将泡沫轴放在背部或肩部下方，上下滚动15次，然后将泡沫轴放在胸椎下方，滚动10次。侧卧位，将泡沫轴放于腋窝处，来回滚动15次。（图4-5）

练习要点：滚动距离长，充分刺激肌肉，遇到痛点停顿10~15秒，疼痛减缓后再继续滚压。

练习部位：腰、背部。

图4-5 肩与上背部松解

（2）第二步：拉伸

进行背阔肌和胸肌的拉伸，以帮助恢复肌肉长度和工作效率。

● **跪姿背部拉伸**

起始姿势：俯身跪姿，坐于大腿上，双臂置于瑜伽球上。

动作过程：向前伸展，使双臂与背部呈一条直线，直至上背部有中等程度的牵拉感。（图4-6）

练习要点：保持2秒后回到起始姿势，重复动作至规定次数。

练习部位：背阔肌、脊柱。

图4-6 跪姿背部拉伸

● 靠墙胸部拉伸

起始姿势：以分腿姿势站立于墙壁一侧，靠墙一侧手臂弯曲，前臂紧贴墙壁。

动作过程：前臂与地面垂直，上臂平行于地面，确保前臂紧贴墙壁。身体向远离墙面一侧轻轻旋转，感受胸部拉伸。（图4-7）

练习要点：保持姿势30秒。

练习部位：胸部肌群。

图4-7 靠墙胸部拉伸

（3）第三步：激活

单独的强化练习或姿势性静力练习包括斜方肌中下束、菱形肌和肩袖肌群激活练习。

● 瑞士球—"Y"字

起始姿势：俯卧于瑞士球上，背部平直，手臂伸直，胸部不能贴球。

动作过程：双侧肩胛骨收紧，抬起手臂，使身体形成"Y"字，回到起始姿势，完成规定次数练习。（图4-8）

练习要点：注意拇指向上，双侧肩胛骨收紧后开始抬起手臂。

练习部位：肩胛骨周围肌群。

图4-8 瑞士球—"Y"字

● 瑞士球—"W"字

起始姿势：俯卧于瑞士球上，背部平直，手臂伸直，胸部不能贴球。

动作过程：拇指向上，肩胛骨向内、向下收紧，屈肘使身体形成"W"字，回到起始姿势，完成规定次数练习。（图4-9）

练习要点：注意双侧肩胛骨收紧后抬起手臂。

练习部位：肩胛骨周围肌群。

图4-9 瑞士球—"W"字

● 瑞士球—"L"字

起始姿势：俯卧于瑞士球上，背部平直，胸部不能贴球，手臂伸直，放于瑞士球两侧。

动作过程：双侧肩胛骨向内、向下收紧，然后屈肘向上抬起，肘关节呈90°，上臂与躯干成一个平面，与前臂形成"L"字，回到起始姿势，完成规定次数练习。

练习要点：注意双侧肩胛骨收紧后开始屈肘。

练习部位：肩胛骨周围肌群。

图4-10 瑞士球—"L"字

（4）第四步：整合

整合主要是下肢、躯干与上肢协调发力的练习。

● **深蹲练习**

起始姿势：直立姿势正常站位，双手垂于体前。

动作过程：屈髋屈膝下蹲，直至大腿与地面平行，双臂伸直前平举，快速站起，回到起始姿势，重复规定次数。（图4-11）

练习要点：保持挺胸直背，腹部收紧；膝关节不要超过脚尖或内扣，脚跟不要抬离地面；保持脚尖方向向前。

练习部位：股四头肌、臀大肌和腘绳肌等。

图4-11 深蹲练习

2. 耸肩

耸肩的原因有背部和肩部问题，主要包括前胸与上斜方肌的紧张，斜方肌中、下束的无力，以及肩部神经肌肉控制问题。

（1）第一步：松解

用泡沫轴松解上背部肌肉、斜方肌上束和肩胛提肌。

起始姿势：仰卧于地板上，将泡沫轴置于背部或肩部下方。

动作过程：上下滚动15次，然后将泡沫轴置于胸椎下方，胸椎伸展10次。

（图4-12）

练习要点：滚动距离长，充分刺激肌肉，遇到痛点停顿10～15秒，疼痛减缓后再继续滚压。

练习部位：腰、背部。

图4-12 上背部、斜方肌上束和肩胛提肌的松解

（2）第二步：拉伸

静态拉伸胸肌、斜方肌上束和肩胛提肌。

● **靠墙胸部拉伸**

靠墙胸部拉伸同前所述。

● **斜方肌上束拉伸**

起始姿势：呈站姿，背部伸直。

动作过程：将右手放在脑后靠近头顶的位置，向下、向右牵拉头部，使下颌离右肩尽可能近，另一侧重复练习。（图4-13）

练习要点：下颌尽可能贴住肩膀保持30秒。

练习部位：斜方肌、胸锁乳突肌。

图4-13 斜方肌上束拉伸

（3）第三步：激活

斜方肌中下束的单独力量训练或姿势性静力训练。

● **斜方肌中、下束的姿势性静力训练**

起始姿势：俯卧于按摩床上，双臂伸直向斜前方45°伸出，辅助者手贴在练习者前臂上。

动作过程：练习者双手发力向上抬起，辅助者与之对抗，双方保持静力性动作。（图4-14）

练习要点：辅助者尽力与练习者发力大小一致。

练习部位：斜方肌中、下束等。

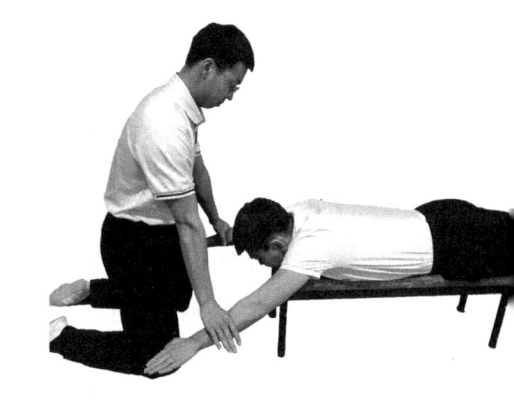

图4-14　斜方肌中、下束的姿势性静力训练

（4）第四步：整合

整合主要是下肢、躯干与上肢协调发力的练习。也可以根据需要自行设计下肢、躯干与上肢协调发力的推举动作，在全身动作中练习上肢提拉功能。

起始姿势：直立姿单腿站立，右脚悬空，右手正握哑铃自然垂于体前，右臂伸直，左手置于背后或体侧。

动作过程：保持右臂自然下垂，以左髋为轴，右小腿向后抬起，同时身体前倾，至身体几乎与地面平行，左腿微屈，右腿下降同时身体直立，回到起始姿势，重复规定次数。（图4-15）

练习要点：保持躯干和抬起腿同步运动；动作过程中，保持支撑腿膝关节微屈。

练习部位：髋、膝、踝等部。

图4-15　单腿罗马尼亚硬拉

3. 翼状肩胛

翼状肩胛的原因有背部和肩部问题，主要包括前胸、背阔肌紧张，斜方肌中、下束和菱形肌、前锯肌无力，以及肩部神经肌肉控制问题。

（1）第一步：松解
用泡沫轴松解背阔肌和背部。
背阔肌和背部松解同前所述。

（2）第二步：拉伸
静态拉伸背阔肌和胸肌。
跪姿背部拉伸、靠墙胸部拉伸同前所述。

（3）第三步：激活

● **俯卧撑**

起始姿势：俯撑姿势，双手双脚撑地，双手距离略比肩宽，手臂伸直，身体从头到踝呈一条直线。

动作过程：屈肘，身体下沉，至胸部几乎碰到地面，上臂与躯干夹角约为45°，快速推起身体，回到起始姿势，重复规定次数。（图4-16）

练习要点：保持挺胸直背，身体不要晃动；腹部收紧，不要塌腰或翘起臀部。

练习部位：胸大肌、三角肌前束和肱三头肌等。

图4-16 俯卧撑

（4）第四步：整合练习

整合下肢、躯干与上肢力量的练习——站位单手绳索前推练习。也可以根据需要自行设计下肢、躯干与上肢协调发力的推举动作，在全身动作中练习上肢推举功能。

- **站位单手绳索前推**

起始姿势：前后分腿姿站立，左手叉腰，右手正握把手，屈臂置于身体右侧。

动作过程：身体适当前倾，躯干平直，保证悬吊带绷直，水平方向前推。（图4-17）

练习要点：练习过程保持身体稳定。

练习部位：肩部。

图4-17 站位单手绳索前推

二、躯干部的矫正练习

躯干部，也有人把它叫作腰—骨盆—臀复合结构（Lower back-Pelvic-Hip Combination，LPHC），是身体中对上下结构具有巨大影响的部位。躯干部拥有30多块附着在腰椎或骨盆的肌肉，且躯干部直接与身体的上、下端连接，因此，躯干部上端或下端结构的功能性紊乱会导致躯干部的功能性紊乱；反之亦然。许多常见的与躯干部关联的损伤包括下背疼与骶髂关节功能紊乱，以及臀部肌肉群、股四头肌、腹股沟拉伤，而与之相关的损伤包括躯干部以上的颈胸肩部损伤和以下的膝踝损伤。因此，躯干部的矫正练习对于全身的损伤预防和动作效率都非常重要。

在进行躯干部矫正练习之前需要对躯干部姿势与动作进行评估，找到问题所在，然后给出针对性的纠正练习方案。常用的躯干部评估方案主要包括静态姿势与双臂上举下蹲。

（一）静态姿势评估

躯干部运动紊乱的一个重要的静态姿势问题就是下交叉综合征（图4-18），这是骨盆倾斜的典型问题（腰椎过度伸展）。在动态姿势中，骨盆和腰椎的这个姿势会对与骨盆相关的肌肉和结缔组织造成过大的压力。下交叉综合征的主要肌肉问题包括下腹部与臀部肌肉无力、下腰部与屈髋肌群的紧张。主要通过对相应紧张肌肉的放松和薄弱肌肉的强化激活，以及神经肌肉控制练习来矫正。同时，改正相关的日常生活姿势习惯也非常重要。

图4-18 下交叉综合征

（二）动作评估

在做举臂下蹲动作评估时有几个躯干部代偿需要去查找，这些代偿包括过度前倾、下背过度前弓、下背反弓、重心不对称。（图4-19）

图4-19 举臂下蹲观察躯干部动作代偿（躯干前倾、塌腰、弓腰和重心偏移）

举臂下蹲动作评估意义与要求参见肩部动作评估部分，此处重点关注：从侧面观察上肢与躯干是否在一条直线上，是否出现塌腰或弓腰；从后面观察躯干特别是臀部是否出现左右偏移。

（三）躯干部的矫正练习

根据躯干部姿势与动作评估结果，下面是躯干部位常见代偿动作的矫正练习。所提供的图片示范用来说明对于相应的代偿所做的训练，并用以处理躯干部的损伤问题，这些问题都可以从举臂下蹲动作的评估中检测出（躯干前倾、塌腰、弓腰、重心偏移等），整合练习采用哪些动作取决于评估的结果和运动员的运动能力。下面将举例介绍常见的躯干前倾和重心偏移的矫正练习流程及方法。

1. 躯干前倾的矫正

（1）第一步：松解

通过滚泡沫轴松解的关键区域包括比目鱼肌、腓肠肌和屈髋肌群（股直肌）。

- 泡沫轴—腘绳肌

起始姿势：呈坐姿，双腿伸直，将泡沫轴置于大腿后侧的下方，双臂撑于身体后方，背部平直，腹肌收紧。

动作过程：双手推地带动身体移动，泡沫轴从坐骨结节至腘窝间来回滚动。（图4-20）

练习要点：在肌肉酸痛点上停留一定时间，完成动作至规定时间。

练习部位：大腿后侧肌群。

图4-20　泡沫轴—腘绳肌练习

● **扳机点—小腿肌群**

起始姿势：呈坐姿，将泡沫轴置于小腿后侧的下方，双腿伸直，右腿搭在左腿上，双臂撑于身体后方。

动作过程：双手推地带动身体移动，泡沫轴在腘窝至踝关节间来回滚动，另一侧腿亦然。（图4-21）

练习要点：在肌肉酸痛点上停留一定时间，完成动作至规定时间。

练习部位：小腿肌群。

图4-21 扳机点—小腿肌群练习

（2）第二步：拉伸

通过主动或被动的静态牵拉进一步放松腓肠肌、比目鱼肌、屈髋肌群和腹部肌群。

● **静态拉伸—比目鱼肌**

起始姿势：

面朝墙站立，离墙60厘米远，双手支撑在墙上。左脚离墙30～60厘米远，保持左脚位置不变，将右脚放在左脚后30～60厘米处，即右脚离墙60～120厘米远。

动作过程：保持右脚跟着地，朝墙的方向前倾胸部，可以稍屈左膝以便于朝墙移动胸部。（图4-22）

练习要点：始终保持右脚跟着地，膝关节伸直。

练习部位：放松腓肠肌、比目鱼肌。

图4-22 腓肠肌、比目鱼肌主动静态牵拉

（3）第三步：激活

通过孤立的动态和静力性力量练习，以及姿势性静力练习，分别激活关键肌肉，包括胫骨前肌、臀大肌、竖脊肌，以及深层核心稳定肌群。

● **胫骨前肌激活**

起始姿势：脚背勾住弹力带。

动作过程：拉紧弹力带，练习者脚踝保持背屈状态。（图4-23）

练习要点：保持背屈状态30秒。

练习部位：胫骨前肌群。

图4-23　胫骨前肌群力量练习

● **臀大肌激活**

起始姿势：前后分腿站立，弹力带套住脚踝部位。

动作过程：臀肌发力向后摆动。（图4-24）

练习要点：练习过程保持身体稳定。

练习部位：臀大肌。

图4-24　臀大肌力量练习

● 竖脊肌静力性练习

起始姿势：俯卧于垫上，双手向后上方抬起约30°。

动作过程：上体发力抬起，髋关节紧贴地面，双手向后上方抬起。（图4-25）

练习要点：保持上体稳定，坚持30秒。

练习部位：后背肌群。

图4-25 竖脊肌静力性练习

● 核心区稳定肌群静力性练习

起始姿势：呈俯卧撑姿势，六点支撑于地面，双臂支撑于肩部正下方。

动作过程：躯干保持不动，慢慢抬起右臂和左腿直至与背部呈一条直线，保持1～2秒，回到起始姿势，完成规定次数练习。（图4-26）

练习要点：注意抬起右手和左腿时，腹肌收紧，躯干保持不动。

练习部位：肩部及躯干肌群。

图4-26 核心区稳定肌群静力性练习

（4）第四步：整合练习

对过度前倾这个代偿所实施的整体训练为背后靠球蹲起上举哑铃，这个动作在帮助矫正髋关节运动的同时，还可增强身体对腰—骨盆的控制。加入上举哑铃的动作可以对核心部位增加一个额外的挑战。

起始姿势：直立姿正常站位，在墙壁与背部间置一瑜伽球，双手直握哑铃置于胸前。

动作过程：保持手臂姿势不变，屈髋下蹲至大腿与地面平行，伸髋站起，同时将哑铃推举过头顶至手臂伸直，之后回到起始姿势，重复规定次数。（图4-27）

练习要点：保持挺胸直背，腹部收紧；下蹲时，重心保持在脚跟，膝关节不要超过脚尖或内扣；推举过程中，保持肩胛骨内收。

练习部位：斜方肌、三角肌、臀大肌、股四头肌和腘绳肌等。

图4-27 躯干前倾的整合练习

2. 重心偏移的矫正

针对重心偏移的原因逐一进行针对性的处理，最终矫正躯干前倾动作代偿问题。

(1)第一步：松解

通过滚泡沫轴缓解的关键肌肉有偏向侧的内收肌和髂胫束、远离侧的梨状肌和股二头肌。在这个代偿姿势中，比目鱼肌和腓肠肌同样有很关键的作用，下蹲时，如果一侧的踝关节在矢状面上背屈不足，这会使身体偏离受限制的一侧，向能够正常活动的一侧移动。比如，如果左侧踝关节受限制，这会使人向右侧偏移以达到合适的关节活动范围。

● 泡沫轴—大腿内侧肌群松解

起始姿势：呈俯卧姿，右腿外展，将泡沫轴置于右大腿内侧靠近膝关节的下方，双臂屈肘支撑于地面。

动作过程：左腿伸直，脚尖支撑于地面，身体抬离地面，双臂和左腿推地带动身体移动，使泡沫轴在骨盆至膝关节间来回滚动。（图4-28）

练习要点：在肌肉酸痛点上停留一定时间，完成动作至规定时间，对侧亦然。

图4-28 大腿内侧肌群松解

练习部位：大腿内侧肌群。

● 泡沫轴—髂胫束松解

起始姿势：呈左侧卧姿，将泡沫轴置于左腿髋关节外侧的下方，左臂屈肘撑于地面，右手放于身侧。

动作过程：身体上下移动，使泡沫轴在髋关节外侧至膝关节间来回滚动。（图4-29）

练习要点：在肌肉酸痛点上停留一定时间，完成动作至规定时间，对侧亦然。

练习部位：髂胫束。

图4-29 髂胫束松解

- **泡沫轴—小腿肌群松解**

起始姿势：呈坐姿，将泡沫轴置于左小腿靠近踝关节的下方，右腿搭在左腿上方，双手撑于身体后方，背部平直，腹肌收紧。

动作过程：双手推地带动身体移动，使泡沫轴在踝关节至腘窝间来回滚动。（图4-30）

图4-30 小腿肌群松解

练习要点：在肌肉酸痛点上停留一定时间，完成动作至规定时间；对侧亦然。

练习部位：小腿肌群。

- **泡沫轴—腘绳肌松解**

起始姿势：呈坐姿，双腿伸直，将泡沫轴置于大腿后侧的下方，双臂支撑于身体后方。

动作过程：双手推地带动身体移动，使泡沫轴在骨盆至膝关节间来回滚动。（图4-31）

练习要点：在肌肉酸痛点上停留一定时间，完成动作至规定时间。

图4-31 腘绳肌松解

练习部位：腘绳肌。

（2）第二步：拉伸

通过静态拉伸和神经肌肉拉伸的关键肌肉有同侧内收肌、梨状肌。

- **侧弓步姿拉伸**

起始姿势：左右分腿站立，抬头挺胸，目视前方，保持背部平直，腹部收紧，两臂自然前伸。

动作过程：一侧腿屈髋屈膝，大腿与小腿约成135°角，全脚掌着地；另一侧腿向身体外侧伸直，全脚掌着地。（图4-32）

图4-32 侧弓步姿拉伸

练习要点：保持身体稳定，坚持30秒。

练习部位：内收肌。

● 静态拉伸—梨状肌

起始姿势：呈仰卧姿，将左脚脚踝放在右膝上方，保持头部及躯干紧贴地面。

动作过程：双手抱住右大腿的后侧，将右腿拉向身体，直至梨状肌有中等程度的牵拉感。（图4-33）

图4-33 梨状肌静态拉伸

练习要点：保持姿势至规定时间；对侧亦然。

练习部位：梨状肌。

（3）第三步：激活

通过分解力量训练和等动训练激活的关键肌肉有同侧臀中肌。

起始姿势：基本站姿，将弹力带套在固定器械上，身体与器械平行，远离器械的一只脚绑上弹力带。

动作过程：练习腿连续做横向向外摆动。（图4-34）

图4-34 孤立肌肉力量练习

练习要点：练习过程中核心收紧，身体保持稳定。

练习部位：臀中肌。

（4）第四步：整合练习

针对重心不对称的这种代偿所采取的综合训练法同样是背靠球蹲起上举哑铃，并且使用和矫正过度前倾一样的动作过程。当然动作过程重点观察身体重心的偏移情况，并要求尽力保持重心的中正位置。如果不能保持，可以使用轻微的外力试图加重偏移程度，迫使运动员主动控制重心，从而达到更好的重心调整效果。

躯干部（LPHC）是个综合的功能性单元，使整条运动链能够发力，缓冲外力，动态稳定时协同地工作以抵抗外界不规则的力。由于许多肌肉与躯干相连，所以这个部位的功能性紊乱可以潜在地导致其上、下端的结构功能紊乱，其上、下端结构的功能性紊乱也会导致躯干部的功能性紊乱。因此，躯干部是个十分重要的需要被评估的部位，也很有可能是许多运动受限制的人需要治疗的部位。

（四）下肢的矫正练习

肌肉骨骼控制不平衡问题经常存在于成年女性运动员中，包括韧带占优势（减少下肢额状面的稳定）、股四头肌占优势（减少后链肌肉相关联的强度和塑造）、腿占优势（神经肌肉骨骼系统控制或者肌肉重塑造的肢体与肢体的不对称）。

1. 膝关节动作代偿的矫正

（1）第一步：松解
同重心偏移的矫正中松解的4个练习方法。

（2）第二步：拉伸
同重心偏移的矫正中拉伸的2个练习方法。

（3）第三步：激活
针对无力的目标肌肉进行姿势性静力练习。

● 反向腘绳肌拉伸（燕式平衡）

起始姿势：直立姿单腿站位，右脚抬离地面，背部平直，腹部收紧，双臂侧平举与躯干成90°，手掌半握，大拇指朝上。

动作过程：保持头部与脚踝呈一条直线，俯身并向后抬高右腿，右侧臀部收紧，双手大拇指始终朝上，至身体与地面平行，保持牵拉1~2秒，控制身体平衡，收紧臀大肌和腘绳肌以回到站立位置，换对侧腿，重复刚才的动作，双腿交替进行至完成规定次数。（图4-35）

图4-35 反向腘绳肌拉伸（燕式平衡）

练习要点：保持支撑腿微屈及背部挺直，髋关节与地面平行，保持耳、臀部、膝盖和脚踝呈一条直线，尽量使抬起的脚不接触地面。

练习部位：腘绳肌，同时加强平衡能力。

（4）第四步：整合练习

整合过程包括水平跳、团身跳、两脚长距离跳、单腿跳。如果不能做这些，使用功能运动也可以。

在进行动态练习之前，应该学会合适的姿势。运动员功能性稳定姿势应是膝关节适当屈曲，肩向后，眼睛看前方，双脚分开接近肩宽，身体重心在两脚间。膝关节在脚尖水平面的上方，下颌在膝关节水平面上方。这是准备姿势，也是大多数练习开始和结束的姿势。（图4-36）

- **水平跳**

水平跳是一个整体的动态移动练习，可以用来纠正韧带占优势的不足。这种低到中等负荷的跳跃运动可帮助专业人员分析运动员膝关节外翻或内翻的角度。在水平跳期间，运动员不应有更深的膝关节屈曲角度。观察水平跳练习时，专业人员可在低到中等负荷练习中给予运动员口头的反馈提示，这些反馈可以使运动员表现得更好。在落地时，膝关节接近充分伸展，此时肌肉、骨骼的控制至关重要，经常会导致运动损伤。

图4-36 准备姿势

起始姿势：双脚运动姿站立，双臂微屈于髋部两侧，双脚分开与肩同宽，背部平直，腹部收紧。

动作过程：双臂向上快速摆起，以手臂带动身体快速伸髋伸膝，双脚蹬离地面向前跳。（图4-37）

练习要点：屈髋屈膝落地缓冲的同时双臂下摆至髋部两侧，呈双脚运动姿站立，保持1~2秒。

图4-37 水平跳

练习部位：髋、膝、踝的伸展能力。

另一个用来纠正韧带占优势的练习是团身跳。在进行团身跳练习时，专业人员可以迅速地辨别跳和落地时额状面膝关节位置是否正确，因为通常在前几次练习中运动员易把注意力集中在跳的技术上。

● **长距离跳和保持**

长距离跳和保持练习可以用来评估运动员膝关节的运动。

起始姿势：双脚运动姿站立，双臂微屈于髋部两侧，双脚分开与肩同宽，背部平直，腹部收紧。

动作过程：双臂向上快速摆起，以手臂带动身体快速伸髋伸膝，双脚蹬离地面，向前跳。（图4-38）

练习要点：屈髋屈膝落地缓冲的同时双臂下摆至髋部两侧，呈双脚运动姿站立，保持1~2秒。

练习部位：髋、膝、踝的伸展能力。

并不是所有的运动员都有能力完成跳跃测试，在这种情况下，可用一项包含多平面的整体身体运动做下肢矫正的整合练习。对于以下每一个练习，提示运动员保持膝关节和脚趾在一个水平面上，膝关节不要超过脚尖。

图4-38 长距离跳和保持

● 手持哑铃下蹲

起始姿势：直立姿正常站位，双手直握哑铃置于胸前。

动作过程：保持手臂姿势不变，屈髋下蹲至大腿与地面平行，伸髋站起，同时将哑铃推举过头顶至手臂伸直，回到起始姿势，重复规定次数。（图4-39）

练习要点：保持挺胸直背，腹部收紧；下蹲时，重心保持在脚跟，膝关节不要超过脚尖或内扣；推举过程中，保持肩胛骨内收。

练习部位：斜方肌、三角肌、臀大肌、股四头肌和腘绳肌等。

图4-39 手持哑铃下蹲

● 手持哑铃单腿下蹲

起始姿势：分腿蹲姿，左腿在前，身体重心保持在右腿，双手直握哑铃自然垂于体侧。

动作过程：保持躯干正直，屈膝，身体下降成低分腿蹲姿，右膝几乎贴地，双膝均约成90°，左腿蹬伸站起，回到起始姿势，重复规定次数。（图4-40）

练习要点：保持挺胸直背，腹部收紧，身体不要晃动，控制身体重心移动速度；前侧腿膝关节不要超过脚尖或内扣。

练习部位：股四头肌、臀大肌和腘绳肌等。

图4-40 手持哑铃单腿下蹲

● 单腿下蹲

起始姿势：直立姿右腿站立，腿抬起，双手直握哑铃置于体侧。（图4-41）

动作过程：臀部向后，右腿屈膝尽可能下蹲。

练习要点：全程核心收紧，保持稳定。

练习部位：髋、膝、踝等部位。

图4-41 单腿下蹲

综上所述，在下肢伤中，膝关节是其中最普遍的。膝关节作为关节链的一部分，和邻近关节及下肢关节相连。整体的评估包括从髋关节到踝关节的基本的评估，有静态姿势和动作评估，必要时还可以进行关节活动度检查及徒手肌力测试。之后从这些评估中获得基本的数据，从而设计针对性的矫正练习方案和流程。对于膝关节风险的矫正性练习可以帮助提高动作表现，也能减少膝关节和下肢的损伤风险。

第五章　竞技体操运动员的基础力量与专项力量训练

导语：力量是一切训练的基础，没有良好的力量做保障，一切都是空中楼阁。力量训练是身体运动功能训练重要的组成部分。本章分别介绍了竞技体操运动员的专项力量需求、上下肢基础和专项力量训练，以及躯干力量训练的方法和手段，同时考虑到体操运动的专项技术特征，增加了旋转爆发力量练习和全身动作力量练习方法。

第一节　竞技体操运动员的专项力量需求

现代竞技体操比赛对运动员的体能有非常高的要求，因为一届赛事赛程包括资格赛、全能决赛、团体决赛、单项决赛4种比赛。男子体操包括自由体操、鞍马、吊环、跳马、双杠和单杠6个项目，女子体操包括跳马、高低杠、平衡木和自由操4个项目。如果运动员4种比赛都能够参加的话，那么男运动员就需要进行24项次比赛，女运动员则需要参加16项次比赛。对于竞技体操来说，技术是最主要的制胜因素，但是良好的体能是赢得比赛的关键。如此大运动量的比赛强度，对体操运动员的体能提出了更高的要求，也就对平时体能训练的方法、手段等提出了更高的要求。

从运动训练实践出发，竞技体操要求运动员具有较大的克服自身体重的能力，一方面运动员要具有较大的最大力量；另一方面运动员体重不能过大，即要求运动员具有良好的相对力量。在竞技体操项目中，除各种静止动作和慢用力动作外，运动员在完成大量的体操动作时，运动环节的负荷都表现出超体重的特点，如自由体操复杂空翻的起跳、跳马的上板起跳和各种高空翻的落地，运动员下肢（尤其是脚踝）瞬间最大冲击力可达自身体重10倍以上。因体操项目及其技术类型不同，冲击负荷的大小及性质也有所区别。如今，随着技术水平的发展，对运动员力量素质也提出了较高的要求，世界各体操强国都把发展运动员的力量素质摆到了十分重要的位置。尽管教练员和运动员在训练中都很重视发展力量素质，并且一般都有自己的一套力量训练方法，可是这些方法是否行之有效，取决于其是否符合运动生理学原理。

第二节　上肢力量训练

根据力量训练动作模式的分类，分别介绍推、拉、旋转、静止等动作模式及变换体位的呼吸练习方法。

一、上肢推动作模式

（一）上肢推—基础力量

1. 波速球俯卧撑

练习目的：发展胸部、肩部、手臂力量。
起始姿势：呈俯卧撑姿势，两臂伸直，双手按压在波速球背面。
动作过程：在俯卧撑推起阶段，双手距离与肩同宽，手指朝前，手臂垂直于地面；双腿并拢，双膝伸直，臀部收紧；身体呈一条直线，头、肩、髋、膝和踝处于一条直线上。有控制地下降至底部。尽可能保持前臂垂直于地面，且始终保持身体呈一条直线，回到起始姿势。（图5-1）
练习要点：保持身体稳定，从侧面看，身体呈一条直线。

图5-1　波速球俯卧撑

2. 平板卧推

练习目的：发展胸部、肩部、肱三头肌、前臂力量。

起始姿势：平躺于卧推凳上，双手正握（闭握）杠铃，相距约1.5倍肩宽，双脚踩实地面。

动作过程：杠铃位于双眼正上方；双脚踩实地面，臀部收紧，绷紧腹部，肩胛骨后缩下沉使上背平贴凳子。**出杠**：吸气憋住，发力将杠铃移至锁骨正上方；调整呼吸。**下落**：缓慢下落至胸肌正上方，杠铃与身体距离1~2厘米。**推起**：在底部稍作停顿后，发力推起至锁骨正上方，上背仍平躺于凳子上，挤压胸部。**回杠**：最后一次结束后，将杠铃放回固定架上。（图5-2）

练习要点：在训练过程中，双脚时刻要踩住地面，臀部、腰部及肩部不要离开凳子，腹部收紧。

图5-2 平板卧推

3. 上斜杠铃卧推

练习目的：发展胸部、肩部、肱三头肌、前臂力量。

起始姿势：坐在倾斜的凳子上，双脚着地，整个背贴着长凳，挺胸收腹。

动作过程：掌心向上，双手抓住杠铃，握距略比肩宽。向上伸直推出杠铃，缓慢置于胸部上方（锁骨附近）。当杠铃接触胸部时，再回到起始位置。（图5-3）

练习要点：将杠铃缓慢放低至胸前上部（锁骨与胸骨交接处）。

图5-3　上斜杠铃卧推

4. 瑞士球哑铃卧推

练习目的：发展胸部、肩部、手臂、躯干的肌肉力量。

起始姿势：平躺于瑞士球上，手持哑铃置于身体两侧，双脚踩实地面。

动作过程：手持两只哑铃，仰卧于瑞士球上，双脚着地，肩胛骨贴住瑞士球，挺胸收腹，掌心向上，两手将哑铃向上推，直到双臂完全伸展，但不需要完全伸直。（图5-4）

练习要点：将哑铃降低至与胸平齐，短暂停顿后回到起始位置。

图5-4　瑞士球哑铃卧推

5. 上斜哑铃飞鸟

练习目的：发展胸部、肩部、手臂、躯干的肌肉力量。

起始姿势：坐在倾斜的凳子上，双脚着地，整个背贴着长凳，挺胸收腹。

动作过程：掌心向上，绷紧腰腹及背部肌肉，双臂控制哑铃缓慢呈弧线下降，至手腕与身体在同一平面上，手臂弯曲约90°可避免肘部拉伤。感到胸部两侧肌肉充分拉伸，缓慢还原动作。（图5-5）

练习要点：保持肘关节微屈，将哑铃向外侧方向放低至与胸部平齐，然后反向运动，不可将肘关节降得太低；选择适合的哑铃重量。（图5-5）

图5-5　上斜哑铃飞鸟

6. 杠铃实力推

练习目的：发展肩部、手臂、核心肌肉力量。

起始姿势：双脚分开与髋同宽，脚尖指向正前方，杠铃置于胸前，双肘略微在杠铃的前方，前臂与杠铃垂直，挺胸收腹，脊柱保持中立位，同时收紧核心。

动作过程：大重量采用瓦式呼吸，推举杠铃前，深呼吸且屏住呼吸，同时

收紧腰腹部肌肉,推举的过程中不要吸气或吐气,时刻保持腰腹部的收紧状态,完成一次动作后再进行换气。(图5-6)

练习要点:肩关节外展,向上推举杠铃,直至两肘绷紧;用可控的速度将杠铃缓慢放下,直至杠铃几乎接触胸部。

图5-6 杠铃实力推

7. 杠铃提拉

练习目的:发展肩部、手臂、核心肌肉力量。

起始姿势:双手握住杠铃,身体保持直立,双臂下垂,手指完全伸直指向地面,转动手腕变成正握,肘部向外张开。

动作过程:向上拉杠铃,直到上臂和肩部平齐,在动作最高点保持收紧状态1秒,然后缓慢还原。(图5-7)

练习要点:肘部应向身体两侧打开,在动作最高点上臂和身躯应呈"T"字型;肘部弯曲,带动上臂向上拉,前臂仅做悬挂动作;放低杠铃时避免倾斜躯干,上提杠铃时避免晃动背部。

图5-7　杠铃提拉

8. 杠铃片/哑铃前平举

练习目的：发展肩部、手臂、核心肌肉力量。

起始姿势：自然站立，两手正握杠铃片或哑铃置于大腿前，握距与肩同宽。

动作过程：将杠铃片或哑铃向前上方举起（肘部稍屈），直至高于视线高度。然后缓慢放下还原。

练习要点：上举和下落时全身保持直立，两臂保持伸直，意念集中在三角肌前束；动作过程中控制腰部，避免受伤；确保背部稳定并与地面垂直，避免背部晃动。如果大重量手臂平行于地面即可，以免受伤；可控制的轻重量则最高可举到头顶前上方，此时该动作不仅仅局限于前平举，还有上举。

图5-8　杠铃片/哑铃前平举

9. 哑铃侧平举

练习目的：发展肩部、手臂、核心肌肉力量。

起始姿势：两脚开立与肩同宽，自然站立，收腹挺胸，背部挺直，保持身体的稳定，双手抓握哑铃垂于身体两侧，肘微屈，拳眼向前。

动作过程：两手持铃同时向两侧举起，举到上臂与地面平行。（图5-9）

练习要点：通过肩关节外展举起哑铃，在整个过程中保持肘关节微微弯曲；当两臂成一条直线并与身体呈90°时向反方向移动，避免哑铃降低得过快；避免过多弯曲肘关节。

图5-9 哑铃侧平举

（二）上肢推—专项力量

1. 俯撑爬行

练习目的：发展手臂、胸部、核心区肌肉力量。

起始姿势：双膝微屈，手掌撑地，身体呈"V"字形。

动作过程：双手向前爬行，爬行过程中收紧核心肌群，保持脊椎处于正常的生理位置。爬行至终点后稳住身体，慢慢向后爬回起始位置。（图5-10）

练习要点：整个动作过程中都要收紧核心肌群，不要弯腰塌背，注意动作的规范性。

图5-10 俯撑爬行

2. 双杠支撑摆动

练习目的：发展肩部、手臂、核心肌肉力量。

起始姿势：跳上成支撑。

动作过程：以肩为轴直臂顶肩摆动，前摆送髋，后摆伸展，当身体重心前摆超过杠面时，迅速踢腿稍向右侧偏，身体重心摆至杠外最高点时右移，顶肩推杠，两腿下压展髋，同时左手换握右杠，右手离杠侧举，挺身下落至杠侧站立（以右侧下法为例）。（图5-11）

练习要点：从小幅度的动作（在较低的杠子）开始练习，不要追求摆动的高度；在摆动过程中，两眼平视前方，保持重心稳定，摆动至极点时送髋，不要用臀部发力。

图5-11 双杠支撑摆动

3. 快速俯卧撑

练习目的：发展胸部、手臂肌肉力量。

起始姿势：呈俯卧撑姿势，两臂伸直，双手按压在地面上。

动作过程：动作开始时，肘部不要锁死，核心收紧，身体略前倾一些。屈肘，身体在更为前倾的同时快速向下探去，直到上臂与地面平行或低于肘关节，接近无法下降时，快速发力撑起。（图5-12）

练习要点：吸气时，慢慢将身体下放，双肘向身体两侧打开，肩部应略低于肘关节；呼气时，靠胸部收缩发力，身体匀速回到起始位置，顶肩时努力收缩胸部，不要锁死肘关节。

图5-12 快速俯卧撑

4. 快速击掌俯卧撑

练习目的：发展上肢爆发力。

起始姿势：呈俯卧撑姿势，两臂伸直，双手按压在地面上。

动作过程：动作开始时，肘部不要锁死，核心收紧，身体略前倾一些。屈肘，身体在更为前倾的同时快速向下探去，直到上臂与地面平行或低于肘关节，接近无法下降时，快速发力撑起并击掌，完成击掌后恢复到起始姿势。（图5-13）

练习要点：吸气时，慢慢将身体下放，双肘向身体两侧打开，肩部应略低于肘关节；呼气时，靠胸部收缩发力，身体匀速回到起始位置，顶肩时努力收缩胸部，不要锁死肘关节。

图5-13 快速击掌俯卧撑

5. 双杆臂屈伸

练习目的：发展胸部、手臂肌肉力量。

起始姿势：双杠比肩略宽，双手撑上双杠。

动作过程：动作开始时，肘部不要锁死，核心收紧，身体略前倾。屈肘，身体在更为前倾的同时向下探去，直到上臂与地面平行或低于肘关节，接近无法下降时，发力撑起。（图5-14）

练习要点：吸气时，慢慢将身体下放，双肘向身体两侧打开，肩部应略低于肘关节；呼气时，靠胸部收缩发力，身体匀速回到起始位置，在顶部时努力收缩胸部，不要锁死肘关节。

图5-14 双杆臂屈伸

6. 双杠摆动双臂屈伸

练习目的：发展胸部、手臂、核心肌肉力量。

起始姿势：直立姿势站于杠中。

动作过程：摆动双臂屈伸分为两种，一种向前摆动臂屈伸，一种向后摆动臂屈伸。以向前摆动为例，双手同时握杠跳上成支撑，挺胸抬头顶肩，躯干与双杠垂直。开始后上体稍前倾，屈臂同时双腿从后向前摆动，待双腿前摆至最高点时，伸直肘关节，如此往复。（图5-15）

练习要点：前后摆动时要掌握节奏，从小幅度摆动练起，这与肩部的支撑力量有关，如果支撑力量小则没办法做到大幅度摆动。

图5-15 双杠摆动双臂屈伸

7. 负重双杠双臂屈伸

练习目的：发展胸部、手臂肌肉力量。

起始姿势：双杠比肩略宽，双手撑上双杠，利用腰带挂上负重。

动作过程：动作开始时，肘部不要锁死，核心收紧，身体略前倾。屈肘，身体在更为前倾的同时向下探去，直到上臂与地面平行或低于肘关节，接近无法下降时，发力撑起。（图5-16）

练习要点：吸气时，慢慢将身体下放，双肘向身体两侧打开，肩部应略低于肘关节；呼气时，靠胸部收缩发力，身体匀速回到起始位置。

图5-16 负重双杠双臂屈伸

二、上肢拉动作模式

（一）上肢拉—基础力量

1. 杠铃划船

练习目的：发展背部、腰部、手臂、核心肌肉力量。

起始姿势：双脚分开与肩同宽，屈髋屈膝，身体呈俯身姿态，双手正握（闭握）杠铃，两臂自然下垂。

动作过程：①吸气，直臂向后将横杠拉引至小腿前下端。②以背阔肌收缩的力量，屈肘将横杠沿小腿提至膝上。③继续以背阔肌将横杠提至大腿上部，同时胸部稍挺。之后还原，呼气。在还原过程中，用背阔肌的力量控制杠铃缓慢放下，直至臂、肩完全放松及背阔肌充分伸展。（图5-17）

练习要点：在提铃发力过程中，有三点需注意：一是上体始终保持挺胸、收腹、紧腰，不得弓背松腰；二是杠铃上提路线不是垂直的；三是提铃时不要借助惯性。用杠铃练习划船有四种握法：窄握、中握、宽握和并握。不同的握距和握法锻炼的部位有所不同。宽握和并握重点发展背阔肌上部肌群；中握重点发展背阔肌中上部肌群；窄握重点发展背阔肌中下部肌群。

图5-17 杠铃划船

2. 哑铃单臂划船

练习目的：发展背部、腰部、手臂、核心肌肉力量。

起始姿势：屈体，一侧手用正握法抓住哑铃，另一侧手扶在长凳上支撑身体，支撑侧膝关节也弯曲支撑在长凳上，躯干几乎与地面平行。

动作过程：俯身把哑铃放到尽量低的位置，之后手向身体移动将重量拉起。尽量保持身体静止，用背而不是用手臂将哑铃拉到体侧。缓慢地放下，保持对重量的控制，一侧练完再练另一侧。（图5-18）

练习要点：初始不使用大重量，技术稳定后再逐步增重；训练时腰背不够平直会损害脊柱，平凳上的手臂要保持肘关节微屈，地面上的腿保持膝关节微屈；动作太快会降低训练效果，幅度过大会增加身体扭动，增加受伤的可能性。

图5-18 哑铃单臂划船

3. T杠划船

练习目的：发展背部、腰部、手臂、核心肌肉力量。

起始姿势：站于器械平台上，T杠位于双腿之间，双脚分开与肩同宽，微屈膝，屈髋俯身，保持背部稍屈，双手握住握把，握距与肩同宽，双臂伸直，屈膝增加下蹲幅度，此时背部修正至中立平直状态。

动作过程：将负重拉起，直至躯干与地面呈30°～45°角，背部向心收缩挤压后，再屈肘将负重拉向躯干，肩部下沉避免斜方肌发力，重复以上步

骤。(图5-19)

练习要点：避免腿部代偿借力，这样会导致躯干不稳定；不要让膝关节过于伸直，控制好上半身俯身幅度。

图5-19　T杠划船

4. 坐姿杠铃负重"鞠躬"

练习目的：发展背部、腰腹肌肉力量。

起始姿势：背部保持挺直，双脚踩实地面，斜方肌上放置一条杠铃杆，双手握住杠铃杆保持平衡。

动作过程：背部保持挺直，缓慢前倾身体，直到与地面呈30°~45°，停顿数秒，缓慢返回起始位置。（图5-20）

练习要点：上半身保持中立位，核心收紧，避免弯腰塌背。

图5-20　坐姿杠铃负重"鞠躬"

5. 高位下拉

练习目的： 发展背部、腰部、手臂、核心肌肉力量。

起始姿势： 坐在高位下拉器的固定坐垫上，宽握（正握）横杠，大腿前侧顶实软垫，沉肩挺胸，身体略后倾。

动作过程： 吸气准备，呼气，背阔肌收缩，收紧肩胛骨，肘部向下、向后将横杆拉至胸前，用时1~2秒，顶峰收缩1秒，吸气，有控制地缓慢还原，直至背阔肌得到充分的伸展，用时3~4秒。（图5-21）

练习要点： 做好沉肩准备，注意双手握距，避免腰部代偿；在最高点充分伸展双臂时，要保持躯干挺直和背部微拱；在整个过程中都要保持挺胸；将双肘尽可能地向下和向后拉拽，直到横杆接触锁骨附近为止。

图5-21 高位下拉

6. 坐姿器械划船

练习目的： 发展背部、腰部、手臂、核心肌肉力量。

起始姿势： 坐在划船器的坐垫上，双脚踩实踏板，正握（对握）器械把手，沉肩挺胸，身体略后倾。

动作过程： 深呼吸挺起胸部，先将肩部后移、肩胛骨内收，顺势拉回握把，肘关节尽量贴近身体，肩胛骨内收，拉背到顶峰，顶峰收缩，最后还原至起始姿势。（图5-22）

练习要点：保持躯干稳定，双脚踩实踏板，用力时肩胛骨主动收缩，向后收紧；要让肩胛骨向下沉，保持肩关节稳定；双臂紧贴躯干做离心或向心收缩，更好地促进背阔肌发力。

图5-22 坐姿器械划船

7. 直臂下压

练习目的：发展背部、腰部、手臂、核心肌肉力量。

起始姿势：站立于距离器械一步远的地方，两脚分开与肩同宽，挺胸沉肩，核心收紧，腰背挺直，膝盖微屈；双手抓住直杆，握距与肩同宽。

动作过程：背阔肌发力，带动手臂向下拉，拉至小腹的位置，停顿2秒，原路返回，重复动作。（图5-23）

图5-23 直臂下压

练习要点：重量不宜过大，量力而行；肌肉发力，不要靠惯性牵拉回缩直杆；注意与训练肱三头肌屈臂下压动作的区别。

8. 哑铃腕关节屈

练习目的：发展前臂肌肉力量。

起始姿势：双脚分开与肩同宽，身体保持直立，前臂与地面平行，肘关节成90°，反握哑铃。

动作过程：对抗阻力手腕发力屈曲，向下时缓慢发力控制。（图5-24）

练习要点：控制哑铃自然下落，慢慢举起。

图5-24 哑铃腕关节屈

9. 正握腕举

练习目的：发展前臂肌肉力量。

起始姿势：双脚分开与肩同宽，身体保持直立，手臂与地面平行，正握（闭握）哑铃/壶铃。

动作过程：对抗阻力手腕向上发力，下落时缓慢控制。（图5-25）

练习要点：控制哑铃/壶铃自然下落，慢慢举起。

图5-25 正握腕举

（二）上肢拉—专项力量

1. 挂臂前摆上

练习目的：发展上肢、核心肌肉力量。

起始姿势：跳起挂臂撑。

动作过程：跳起挂臂撑摆动，前摆过垂直位后，迅速向前上方用力踢腿，同时两臂用力压杠，含胸，急振上体成支撑。（图5-26）

练习要点：挂臂前摆体出杠，挺髋压臂用力向上；紧接快速制动腿，急振上体肩离杠，前摆积极向上，两臂用力压杠。

图5-26 挂臂前摆上

2. 挂臂后摆上

练习目的：发展上肢、核心肌肉力量。

起始姿势：跳起挂臂撑。

动作过程：由直臂挂臂撑开始，收腹屈髋，翻臂过杠面，屈臂向前送髋，双腿顺势用力向后上摆，两臂伸直撑杠，含胸收腹，摆至高点即可。（图5-27）

练习要点：直臂挂杠，翻臂过杠面，屈臂向前送髋。

图5-27 挂臂后摆上

3. 爬绳

练习目的：发展上肢、下肢、核心肌肉力量。

起始姿势：身体紧贴绳索站立。

动作过程：双手握紧绳索，并向上用力，将身体拉离地面，双手交替反复练习。（图5-28）

练习要点：一定要注意脚部发力，手脚协调一致，借助手脚力量攀爬。

图5-28　爬绳

4. TRX悬吊带吊环Y型上举

练习目的：发展肩部、上背部肌肉力量及核心稳定性。

起始姿势：双手抓握把手于胸前，身体保持平直且后仰。

动作过程：手臂和肩部肌群协同用力向上抬起身体，感受肩胛骨向上旋转，直到两臂与身体成Y型，停留1秒，然后慢慢回到起始位置，反复进行。（图5-29）

图5-29　TRX悬吊带吊环Y型上举

练习要点：动作中注意是肩胛骨向上旋转带动手臂，并始终微屈，固定肘关节。

5. TRX悬吊带/吊环反向划船

练习目的：发展背部、手臂肌肉力量以及核心稳定性。

起始姿势：两手间距与肩同宽，对握吊环，身体悬空与地面平行。脚尖朝上、脚跟着地，收紧腹部及臀部，肩、背、髋、腿尽量呈一条直线，保持躯干稳定。

动作过程：上拉时，肩胛骨先后移，手再接着拉（手肘保持微微内夹），感受背部肌肉紧缩。胸口靠近把手后，再利用背部力量控制下放速度，感受背部肌肉被拉长，直到双手伸直。（图5-30）

练习要点：核心收紧，不要弯腰塌背。

图5-30 TRX悬吊带/吊环反向划船

6. TRX悬吊带/吊环卧拉

练习目的：发展肩部、手臂、核心肌肉力量。

起始姿势：站姿，双手抓住吊环，手臂自然伸直，身体和地面呈一定的角度。脚跟着地，收紧腹部及臀部，保持躯干稳定。

动作过程：上拉时，肩胛骨先后移、固定，将背部收紧，肩部顺势外展，接着把吊环拉到面前，停顿1秒，感受上背和后肩的挤压感，然后有控制地还原，直到双臂伸直。（图5-31）

练习要点：将重量向胸部拉时，手肘向外扩展，动作末时挤压肩胛骨。

图5-31　TRX悬吊带/吊环卧拉

7. TRX悬吊带/吊环反向飞鸟

练习目的：发展肩部、手臂、核心肌肉力量。

起始姿势：双手间距与肩同宽，正握吊环。脚尖朝上、脚跟着地，收紧腹部及臀部，肩、背、髋、腿尽量呈一条直线，保持躯干稳定。

动作过程：手臂弯曲，固定肘部，肩部后收带动手臂外展，当外展到和身体基本呈一条线时停留1秒，挤压肩胛骨，感受上背部和三角肌后束收紧。（图5-32）

练习要点：核心收紧，不要弯腰塌背。

图5-32　TRX悬吊带/吊环反向飞鸟

8. 引体向上

练习目的：发展手臂抓握力、上肢力量、背部力量和腰腹肌力量，这一动作对提高上肢悬垂力量、握力有着十分重要的作用。

起始姿势：双手握（正握，掌心向前）单杠，略宽于肩，两脚离地，两臂自然伸直。

动作过程：弯曲手臂，用上肢和背阔肌的收缩力将身体向上拉起，当下颌超过单杠时稍作停顿，使背阔肌完全收缩。然后逐渐放松背阔肌，让身体缓慢下降，直到回到起始位置。可以弯曲膝关节将两小腿向后交叉，使身体略微后倾，这样能更好地锻炼背部肌肉。（图5-33）

练习要点：上拉时意念集中在背阔肌，将身体尽可能拉高，身体不要摆动。下垂时脚不能触及地面，可在腰上钩挂杠铃片增加难度。

图5-33 引体向上

（三）上肢静力动作模式

1. 辅助式"L"坐

练习目的：发展肩部、手臂、核心肌肉力量。

起始姿势：坐于地面，双腿伸直，挺胸收腹，双手放于身体两侧。

动作过程：双手发力将身体撑起，抬起双腿至与地面平行。保持膝关节锁定、绷直脚尖，以产生足够大的肌肉张力。（图5-34）

图5-34 辅助式"L"坐

练习要点：锁定肘关节、膝关节，绷直脚尖，收紧腹部肌肉。

2. 靠墙手倒立

练习目的：发展肩部、手臂、背部、核心肌肉力量。

起始姿势：面向墙成直立姿势。

动作过程：两臂上举后与肩同宽撑地，同时一脚蹬地，一腿后摆成靠墙手倒立。坚持所需时间后，两腿一次落地。（图5-35）

练习要点：两臂撑直，肩部打开，身体平直，保持正确的姿势。

图5-35 靠墙手倒立

3. 单脚站立单手持壶铃静力支持

练习目的：发展肩部、手臂力量。

起始姿势：呈单腿站立姿势。

动作过程：一侧手放于身体侧面保持平衡，另一侧手握住壶铃向上伸直与地面保持垂直。（图5-36）

练习要点：练习过程中保持挺胸收腹，脊柱处于中立位，手臂伸直，避免手臂出现晃动。

图5-36　单脚站立单手持壶铃静力支持

4. Trx带悬吊训练

练习目的：发展背部、手臂肌肉力量。

起始姿势：两脚分开与肩同宽，挺胸收腹，双眼目视前方。

动作过程：将Trx带调到合适的长度，站稳脚跟，面对悬吊带。双臂伸直拉住悬吊带，调整位置，直到悬吊带和手臂成一条直线。拉住带子，拉起身体，直到身体与地面成45°。（图5-37）

练习要点：保持核心稳定，脊柱处于中立位，从侧面看，身体呈一条直线。

图5-37　Trx带悬吊训练

第三节 下肢力量训练

(一) 下肢推—基础力量

1. 颈后杠铃深蹲

练习目的： 发展股四头肌、股二头肌和臀大肌等。
起始姿势： 将杠铃扛起，然后出杠，保持杠铃平衡。
动作过程： 头部保持正直，屈膝下蹲至大腿低于水平面，用力向上站起还原到起始姿势。（图5-38）
练习要点： 两脚站距约为肩宽，呈"外八"形，脚趾朝外，使内侧受力更集中；站立时膝关节不宜朝内或向外，以免身体其他部位借力过多；下蹲时膝关节的方向应朝脚尖的方向，且杠铃、臀部、脚不应成一条直线，也就是说杠铃的运动轨迹要与人体的纵轴一致，垂直于地面，平稳地直下直上。

图5-38 颈后杠铃深蹲

2. 哈克深蹲

练习目的：发展股四头肌、股二头肌和臀大肌等。

起始姿势：正向使用时，将身体背部靠在器械的背垫上，将肩膀放在垫子下面。双脚踏紧踏板，双腿打开略小于肩宽，脚尖可以稍朝向外侧。双手放在两侧的把手上。

动作过程：用力顶起肩垫，松开安全杆，伸直双腿，缓缓下蹲，动作过程中整个脚掌受力，蹲至大腿低于膝盖时站起。（图5-39）

练习要点：蹲起时注意腿部不要完全伸直，保持略弯的状态，以免膝盖受力过度。

图5-39　哈克深蹲

3. 杠铃臀推

练习目的：发展臀肌、小腿腘绳肌和下背部肌肉力量。

起始姿势：坐在地板上，确保身后有一个长凳，将负重的杠铃置于髋部。双眼目视前方，确保颈部没有抬起。双脚水平放在地面上，后背靠住长凳，确保肩部在长凳上，以支撑身体，也可以用专门的臀推器械。

动作过程：向上发力推起杠铃，发力点在脚上，并快速伸展髋部。当完成向心部分的运动时，即向上发力、吐气，在离心阶段吸气（将杠铃放到地面上）。（图5-40）

练习要点：身体重心放在脚后跟，竖直向上发力顶起杠铃。伸展髋部、肩部和脚，确保整体得到支撑和平衡。

图5-40　杠铃臀推

4. 杠铃高翻

练习目的：发展肌肉爆发力。

起始姿势：双脚打开略指向外侧，膝关节与脚尖同一方向。挺胸抬头，腰背收紧。两臂自然下垂拉住杠铃。

动作过程：提铃至膝——起始姿势做好后，伸膝的同时升肩，使杠铃离开地面。利用伸膝的力量使杠铃稳步上升。引膝——沿垂直方向上升到膝关节处后，伸膝的同时伸髋。杠铃提至膝关节以上至大腿处，靠继续伸髋和膝部回旋完成。发力——快速蹬腿带动伸髋和展体的同时耸肩提肘。支撑——发力后，杠铃借助惯性向上运动，当到达一定高度后迅速出肘，杠铃置于锁骨与两肩三角肌上。挺胸抬头，腰背收紧，靠胸腔的力量顶住杠铃。起立——上身始终保持直立，自然站直即可。（图5-41）

练习要点：上拉高度越高，高翻高度才能更高；在带高的基础上要快速出肘，自始至终杠铃都要贴住身体。

图5-41 杠铃高翻

5. 哑铃箭步蹲

练习目的：发展股四头肌、臀大肌、腘绳肌的肌肉力量。

起始姿势：自然站立，双手持哑铃置于身体两侧，保持腰背挺直，核心收紧。

动作过程：单脚向前跨出一大步，同时重心下落，至前面的小腿垂直于地面，大腿与小腿呈90°，感受大腿前侧股四头肌的发力，保持2~3秒，臀腿肌群发力，起身恢复至初始位置，两腿交替练习。（图5-42）

练习要点：箭步蹲时，大腿与小腿呈90°，小腿与地面呈90°，膝关节不要过脚尖。

图5-42 哑铃箭步蹲

6. 哑铃侧蹲

练习目的：提升身体横向移动能力，强化下肢肌群（臀部、大腿前侧后侧、小腿）肌肉力量。

起始姿势：维持自然站立姿势，挺胸缩腹，双手托哑铃一端，双脚距离约为2倍肩宽，脚指向前方。

动作过程：向右蹲时，臀部向右后方坐下去，同时重心下落，至右小腿与地面垂直，感受大腿内侧肌群发力，完成后回到起始姿势。（图5-43）

练习要点：保证膝关节对准脚尖方向，避免膝关节内扣，维持躯干稳定，脊柱保持中立位，避免弯腰驼背的不良姿势；下蹲时膝关节不要过度前移。

图5-43 哑铃侧蹲

7. 高脚杯深蹲

练习目的：强化下肢肌群（臀部、大腿前侧后侧、小腿）肌肉力量。

起始姿势：双脚与肩同宽站立，脚尖微外旋30°，同时双手托住哑铃一端置于胸前，并且使哑铃紧贴着胸骨及上腹部。

动作过程：始终保持哑铃在胸前位置，弯曲膝盖、臀部向后坐的同时收紧核心肌群，在腰背部保持挺直的情况下进行深蹲，直至大腿略低于膝关节，然后缓慢回到起始姿势。（图5-44）

练习要点：动作过程中不要出现膝盖内扣的现象，可以朝向身体正前方，也可以外展，脚尖方向与膝关节朝向保持一致。

图5-44　高脚杯深蹲

8. 壶铃摇摆

练习目的：增强肌力、肌耐力和爆发力；强化臀部及身体后侧动力链，预防运动损伤，提升髋部爆发力。

起始姿势：双脚分开站立，略宽于肩，双手握住壶铃，手臂伸直，膝关节稍屈，背部保持中立。

动作过程：将壶铃从双腿间向后摆动，之后甩到身体前面，直到肩的高度。站直时，腿部和腹部有明显收缩，背部、颈部保持中立，双眼目视前方。

练习要点：脚跟、脚掌、脚趾抓紧地面，膝关节与脚尖方向保持一致，肩关节锁紧；壶铃后摆过程中，壶铃把手位置应高于膝关节，到达最低点时，手臂伸直；当壶铃向上摆时，膝关节不能前移（不能踝背屈），当摆到最高点时，全身呈一条直线。（图5-45）

图5-45　壶铃摇摆

9. 负重半蹲

练习目的：发展下肢肌肉力量。

起始姿势：颈后肩上担起杠铃，架上移出，保持杠铃平衡，双脚距离与肩同宽，挺直腰背。

动作过程：膝关节与脚尖方向一致，膝关节不要内扣，下蹲至大小腿夹角约为90°，臀部高于大腿，即可还原，起身动作尽可能流畅、连贯。（图5-46）

练习要点：下蹲过程中要保证膝关节与脚尖方向一致，保持腰背挺直；下蹲时吸气，起立时呼气。

图5-46　负重半蹲

（二）下肢推——专项力量

1. 抱头深蹲跳

练习目的：发展臀大肌力量和爆发力。

起始姿势：双脚自然开立，稍宽于肩，两手交叉抱于头后，两眼平视前方。

动作过程：缓慢深蹲后，两腿快速蹬伸跳起。双脚落地后，先屈髋后屈膝，用臀大肌来缓冲落地力量，同时上体保持稍前倾姿势。（图5-47）

练习要点：落地时注意缓冲，防止膝关节受到冲击；掌握好动作节奏。

图5-47 抱头深蹲跳

2. 原地团身跳

练习目的：发展下肢爆发力。

起始姿势：站立，双脚分开与肩同宽，双手自然垂放于身体两侧。

动作过程：原地双脚垂直向正上方跳起，尽量跳到最高点，跳跃过程中迅速屈膝、屈髋，膝关节尽可能贴近胸部，在最高点达到最大屈曲幅度，然后伸膝伸髋原地落下，如此反复。（图5-48）

练习要点：迅速连贯。

图5-48 原地团身跳

3. 负重单腿提踵

练习目的：发展小腿和踝关节肌肉力量与稳定性。

起始姿势：直立姿势，双手持哑铃。

动作过程：抬起任意一条腿，大腿与地面平行，且保持身体稳定。支撑腿快速提踵（即抬起脚后跟）至最大幅度，然后缓慢下落，整个过程保持身体稳定。（图5-49）

练习要点：动作终点时停顿1秒，并控制肌肉离心收缩。

图5-49 负重单腿提踵

图5-50 负重双腿提踵

4. 负重双腿提踵

练习目的：发展小腿肌肉力量。

起始姿势：双脚前半部分踩实地面，双手闭卧哑铃置于身体两侧。

动作过程：稳定住身体，保持身体始终垂直于地面，然后脚后跟慢慢向下放，动作起点应该能感受到小腿肌群被拉伸，最后小腿发力做提踵动作，动作终点停顿1秒，并控制肌肉离心收缩。（图5-50）

练习要点：发力过程中保持身体稳定。

5. 负重哑铃深蹲跳

练习目的：发展下肢爆发力。

起始姿势：自然站立姿势，挺胸收腹，双脚距离与肩同宽或略宽于肩，脚向前，手握哑铃置于身体两侧。

动作过程：下蹲后两腿迅速蹬伸，使髋、膝、踝三个关节充分伸直，脚尖蹬离地面向上跳起，落地时前脚掌着地屈膝缓冲，接着再跳起。（图5-51）

练习要点：动作过程中膝关节不要内扣，可以朝向身体正前方，也可以外展，与脚尖朝向保持一致，注意缓冲。

图5-51 负重哑铃深蹲跳

（三）下肢拉—基础力量

1. 杠铃传统硬拉

练习目的：发展全身肌肉力量，重点发展后侧肌群肌肉力量。

起始姿势：肩胛骨、杠铃杆、双脚在同一垂直平面内，保持挺胸，腰椎维持正常曲度，肘关节伸直，双脚全脚掌着地。

动作过程：上拉时伸展膝关节和髋关节，膝关节慢慢伸直并保证髋部与肩部以相同的速度上升，一旦杠铃越过膝盖，充分伸展髋部至锁定姿势，全程保持挺胸直背、头部中立位。下放时解锁膝关节和髋关节，然后臀部向后推并将杠铃下放到膝关节下方，紧接着弯曲膝关节将杠铃放回地面，全程保持挺胸直背、头部中立位。（图5-52）

练习要点：杠铃的运行轨迹为紧贴小腿向上，整个过程中不可前后摆动；整个练习应保持背部张力，腰背挺直不弯曲，全程不能弓背。

图5-52 杠铃传统硬拉

2. 罗马尼亚硬拉

练习目的：发展臀部和大腿后侧肌肉力量。

起始姿势：两脚开立，比肩稍窄，向前屈体，不要屈膝。两手正握杠铃，握距与肩同宽，垂于肩关节下方。

动作过程：直膝向前，屈体至上体约与地面平行，下背部肌肉收缩用力，脊柱前挺，上拉杠铃成开始姿势。提铃和还原过程腰要绷紧，不要含胸驼背。（图5-53）

练习要点：臀大肌和腘绳肌主导发力，将身体拉直还原，动作顶点充分挤压臀大肌。

图5-53 罗马尼亚硬拉

3. 直膝弹力带内收

练习目的：发展臀大肌、大腿外侧肌群，提升核心稳定性。

起始姿势：直立姿势站于把杆一侧，一手扶把杆，将弹力带绑在远离把杆的一侧腿上。

动作过程：动作开始时，绑弹力带的腿前伸后向支撑腿一侧做内收动作至最大幅度，然后还原到起始姿势。（图5-54）

练习要点：动作过程中保持身体稳定，防止产生代偿动作。

图5-54 直膝弹力带内收

4. 仰卧瑞士球挺髋

练习目的：发展伸髋肌群和背部肌群力量。

起始姿势：仰卧于地面，将双脚置于瑞士球上，双臂放在身体两侧。

动作过程：由臀肌发力主导伸髋，充分伸髋，使肩、髋、膝呈一条直线，尽量避免身体晃动，动作过程中保持脚的位置不变。（图5-55）

练习要点：适合稳定性较好的运动员练习，注意对腰部的保护。

图5-55 仰卧瑞士球挺髋

5. 北欧挺

练习目的：发展腘绳肌力量。

起始姿势：跪姿，膝关节以上部分保持平直，可以请同伴固定住脚踝部位。

动作过程：向前屈髋，逐渐感受腘绳肌群的离心负荷，在面部接触地面之前，用手扶地面回推，帮助腘绳肌群向心做功，回到起始位置。（图5-56）

练习要点：注意离心控制，保持躯干稳定。

图5-56 北欧挺

6. 俯卧器械腿弯举

练习目的：发展腘绳肌力量。

起始姿势：俯卧于俯卧腿弯举器上，将脚后跟贴在圆柱垫子上，双手握住把手，先将双腿完全伸直。

动作过程：双手握紧把手，保持身体始终贴在凳面上，尽可能大幅度地弯举腿，直到股二头肌彻底收缩，在最顶部保持1～2秒，有控制且慢慢地将重量放下，如此反复。（图5-57）

练习要点：确保身体不从凳子上抬起，可以通过双手紧握把手或凳面的方式保持；可以利用肘部撑住身体，这样有利于身体下部的稳定，膝关节应该离开垫子而不是贴在凳面上，避免撞击膝关节。

图5-57 俯卧器械腿弯举

（四）下肢静力动作模式

1. 波速球深蹲

练习目的：发展下肢肌肉力量和平衡能力。

起始姿势：双脚站在波速球上成直立姿势。

动作过程：调整身体重心，保持稳定，在球相对稳定的情况下进行深蹲动作。腰背挺直，双脚与肩同宽，膝关节与脚尖方向一致，不要内扣，手臂前平举。下蹲动作自然流畅，臀部向后移动，至最低点时大腿与地面近似平行，保持3～5秒，然后起身还原，全程保持腰背挺直。（图5-58）

练习要点：保持稳定，避免波速球过度晃动。

图5-58 波速球深蹲

2. 波速球单腿半蹲

练习目的：发展下肢肌肉力量和平衡能力。

起始姿势：双脚站在波速球上成直立姿势。

动作过程：抬起一条腿并调整身体重心，在球相对稳定的情况下进行单腿半蹲练习，在末端停留3~5秒后，还原成单腿站立姿势，交换支撑腿重复练习。（图5-59）

训练要点：保持稳定，避免波速球过度晃动。

图5-59 波速球单腿半蹲

第四节　躯干力量训练

（一）动态核心力量训练

1. 经典卷腹

练习目的：发展躯干支柱力量。

起始姿势：身体仰卧于地垫上，膝关节屈曲成90°，放松背肌和脊柱，两腿分开与肩同宽，脚平放在地上。

动作过程：利用腹直肌收缩的力量抬起上背部卷曲身体，下背部不离地。（图5-60）

训练要点：练习中手不要借力，配合好呼吸。

图5-60　经典卷腹

2. V型两头起

练习目的：发展躯干支柱力量、协调性。

起始姿势：平躺于地板上，两腿并拢，自然伸直，两臂于头后自然伸直。

动作过程：两腿两臂同时上举，向身体中间靠拢，以髋为轴使身体对折，然后恢复起始姿势，重复练习。（图5-61）

练习要点：四肢要自然伸直，不要弯曲膝关节，手脚要同时，不要有先后；两头起时吸气，腿放下时呼气，不要有意憋气；初练时，协调性可能较差，手脚不能同时起或对折角度小（手脚碰不到一起）。

图5-61　V型两头起

3. 悬垂举腿

练习目的：发展躯干支柱力量。

起始姿势：两手正握单杠，身体垂杠。

动作过程：直膝，两腿尽力向上抬，到最高点时，彻底收缩腹直肌1秒。然后缓慢下放，回到起始姿势。（图5-62）

练习要点：抬腿时要尽力将两膝向上提升。

图5-62　悬垂举腿

4. 髋关节扭转

练习目的：发展躯干支柱力量。

起始姿势：仰卧在瑜伽垫上，两手置于身体两侧，掌心朝上，屈膝屈髋，大小腿呈90°。

动作过程：以髋关节为轴，下肢绕髋关节做左右运动。（图5-63）

练习要点：活动幅度尽可能大，动作结束前双脚不可着地。

图5-63　髋关节扭转

5. Trx悬吊带吊环收腹

练习目的：发展躯干支柱力量。

起始姿势：将双脚挂在训练带末端的绳柄上，并做手支撑。

动作过程：预先启动核心，然后收缩腹肌带动双膝缓慢前提至极限，缓慢伸髋伸膝回到起始姿势。（图5-64）

练习要点：全程保持骨盆的中立位，提膝时躯干保持稳定，腰椎段不可代偿；呼气发力提膝至极限时，再一次做极限呼气收腹，腹肌的收缩感将大大增强；动作全程保持稳定。

图5-64　Trx悬吊带吊环收腹

6. 俯卧撑毛巾擦地

练习目的：发展躯干支柱力量。

起始姿势：呈俯卧撑姿势，保持身体稳定，双腿伸直，稍分开，双臂伸直在肩部正下方，保持身体稳定。

动作过程：收紧核心肌群，胸部肌肉收缩发力，屈肘向下运动，最低点停留几秒，然后回到起始姿势，同时手臂交替向内做擦地板运动，即在身体抬起的同时双手靠拢。（图5-65）

练习要点：练习时臀肌、腹肌收紧；保持身体呈一条直线。

图5-65 俯卧撑毛巾擦地

（二）静态核心力量训练

1. 平板支撑

练习目的：发展躯干柱力量。

起始姿势：俯身于垫上，调整双臂与肩同宽，肘关节弯曲，使两前臂支撑于地面，躯干和腿伸直，两脚前脚掌着地，使头、胸、腹、腿悬空，肩、髋、膝、踝处于同一直线上，头于中立位。

动作过程：保持该姿势1分钟，从侧面看，耳、肩、髋呈一条直线。（图5-66）

练习要点：保持核心收紧，不要弯腰驼背。

图5-66 平板支撑

2. 侧支撑

练习目的：发展躯干支柱力量。

起始姿势：左侧卧，双腿伸直，臀部和脚放在垫子上。左臂弯曲，前臂向前伸直，支撑于垫子上，肘关节在肩关节的正下方，确保头部与脊椎在一条直线上。右臂可以贴在身体右侧。

动作过程：保持该姿势1分钟，然后换对侧继续练习。（图5-67）

练习要点：注意核心收紧，不要塌腰。

图5-67 侧支撑

3. 臀桥

练习目的：发展臀部、躯干支柱力量。

起始姿势：仰卧姿势，双手放在身体两侧，全脚掌着地支撑，下颌尽量收紧，保证腰背挺直。

动作过程：臀部发力使身体上抬，膝、髋、肩呈一条直线，腰背挺直，保持自然呼吸。（图5-68）

练习要点：注意送髋，收紧臀部、大腿后侧及腹部的肌肉。

图5-68 臀桥

4. 超人"两点式支撑"

练习目的：发展躯干支柱力量。

起始姿势：呈跪撑姿势，双臂在肩关节正下方，大腿、小腿呈90°。

动作过程：保持背部平直，对侧手臂和腿同时向上抬起离开地面，在最高点停留1分钟。（图5-69）

练习要点：注意核心收紧，不要塌腰。

图5-69 超人"两点式支撑"

第五节 全身力量训练

1. 半跪姿上提 / 劈砍

练习目的：发展肩部、肱三头肌、臀部、腹部肌肉力量。

起始姿势：以半跪姿劈砍为例，体侧对器械，两脚前后开立，单膝跪地，双手握住训练绳。

动作过程：练习开始时，挺胸收腹，脊柱保持中立位，双手握住训练绳由上向下做劈砍动作（斜上斜下），身体保持稳定，还原成起始姿势后，再重复进行练习。（图5-70）

练习要点：练习过程中保持挺胸、收腹，要求躯干保持稳定。

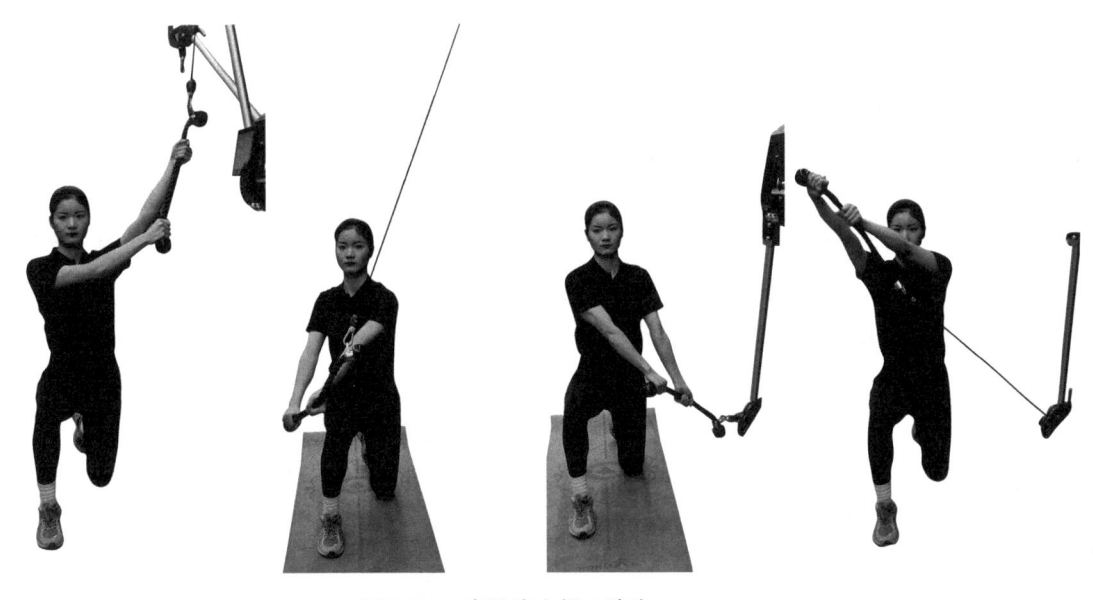

图5-70 半跪姿上提/劈砍

2. 瑞士球躯干转体

练习目的：发展躯干肌群的旋转力量。

起始姿势：仰卧在瑞士球上，背部与球面接触，两臂上举，两手交叉，两脚均全脚掌着地。

动作过程：身体向一侧转动至恰好可以保持平衡与姿势标准的程度，保持该姿势1~3秒，换另一侧重复动作。（图5-71）

练习要点：头部与躯干挺直（无侧向弯曲），躯干平行于地面，保持脊柱处于自然中立位；保持小腿垂直于地面，髋关节与肩关节处于同一高度；不要移动膝关节。

图5-71 瑞士球躯干转体

3. Trx悬吊带转体

练习目的： 发展躯干肌群的旋转力量。

起始姿势： 两手握手柄，两臂伸直，两腿开立与肩同宽或稍宽于肩，膝关节可以弯曲，重心后移。

动作过程： 肩部发力，向侧面转体，转体侧手触地，还原成起始姿势再转向另一侧。（图5-72）

练习要点： 保持身体呈一条直线，转动过程中保持直臂。

图5-72 Trx悬吊带转体

4. 土耳其起

练习目的： 发展上下肢与核心肌群的肌肉力量和稳定性。

起始姿势： 呈仰卧姿势，右腿伸直，左腿屈膝约呈90°，脚踩实地面，左手直握哑铃于胸部上方。

动作过程： 屈右肘，靠左脚、右肘的力量，身体坐起来，左手仍然高举哑铃。身体继续向上起身，右臂伸直撑于地面支撑身体。右腿向后呈跪姿，稳住身体，身体转向正前方，两膝呈90°。最后起身，身体完全站直，且左臂保持

高举哑铃。回到起始位置，重复动作。（图5-73）

练习要点：练习过程中伸髋要充分，为收腿预留出足够的空间；整个练习过程中保持左臂伸直。

图5-73 土耳其起

5. 三点半跪姿

练习目的：发展核心稳定性。

起始姿势：呈半跪姿，一腿膝关节着地，髋关节保持稳定状态，另一腿膝关节不超过脚尖，两膝均约呈90°，双手合十，双臂伸直，与地面平行，保持前脚与后腿膝关节呈一条直线。

动作过程：保持稳定状态直至达到要求时间。60~90秒一组，练习3~4组。（图5-74）

练习要点：练习过程中保持挺胸、手臂伸直，避免出现身体晃动。

图5-74 三点半跪姿

6. 变换体位的呼吸练习

练习目的：发展膈肌的肌肉力量和吸收模式。

起始姿势：呈仰卧姿势，保持屈髋、屈膝状态，双手置于肋骨下部。

动作过程：开始时通过腹式呼吸，吸气鼓肚，呼气瘪肚，同时保持胸部稳定，起伏至最大位置后保持2秒再恢复至起始姿势，重复动作，3分钟一组，练习3~4组。（图5-75）

练习要点：练习过程中保持身体直立，感受腹式呼吸，身体不要晃动；可以通过俯卧跪姿—仰卧—坐立—站立进行进阶练习。

图5-75 变换体位的呼吸练习

7. 站姿斜抛实心球

练习目的：发展腹部肌群的旋转力量。

起始姿势：身体侧对投掷墙，距墙约1米，呈基本准备姿势站立。双手持实心球，旋转躯干并将实心球摆至髋关节外侧，使躯干形成扭紧姿势。

动作过程：练习开始时，以扭紧一侧臀肌发力为主，下肢做快速的蹬地、转髋和伸髋等动作，双手借助身体转动的惯性顺势把球抛向墙面，球回弹后双手接球，利用球的反弹力扭紧身体还原成基本准备姿势，重复动作。（图5-76）

练习要点：练习过程中膝盖不要超过脚尖，挺胸抬头，后背收紧，强调髋关节发力，髋、膝、踝关节充分伸展；旋转过程中保持腰椎稳定，胸椎旋转充分，抛球时手臂伸直。

图5-76 站姿斜抛实心球

8.单腿半跪姿斜抛实心球（异侧）

练习目的：发展腹部肌群的旋转力量。

起始姿势：身体正对投掷墙，距墙约1米，两腿前后分开呈单腿半跪姿势，两腿膝关节均为90°。双手持实心球，身体向后支撑腿方向扭转，将实心球摆至髋关节外侧，使躯干形成扭紧姿势。

动作过程：练习开始时，以躯干发力为主，双手借助身体转动的惯性顺势把球抛向墙面，球回弹后双手接球，利用球的反弹力扭紧身体还原成基本准备姿势，重复动作。（图5-77）

练习要点：练习过程中挺胸抬头，后背收紧，时刻保持腰椎稳定，抛球时手臂伸直。

图5-77　单腿半跪姿斜抛实心球（异侧）

9. 坐姿甩球击地

练习目的： 发展腹部肌群的旋转力量。

起始姿势： 坐在体操垫上，两膝分开与肩同宽且成90°，双脚置于地面，两手持甩球置于体侧，挺胸抬头。

动作过程： 练习时，下肢保持不动，躯干旋转发力带动甩球经胸前快速摆至身体另一侧击地，后立即再经胸前摆回到起始位置，重复动作。（图5-78）

练习要点： 练习过程中挺胸抬头，后背收紧，时刻保持腰椎稳定。

图5-78　坐姿甩球击地

10. 站姿甩球击墙

练习目的：发展腹部肌群的旋转力量。

起始姿势：身体背向墙壁呈基本准备姿势站立，距墙1米左右。

动作过程：练习开始时，双手持甩球把手置于体侧，先旋转躯干将甩球摆至髋关节后方，使躯干形成扭紧姿势，然后下肢做快速的蹬地、转髋和伸髋等动作，沿着下肢转动的轨迹顺势旋转躯干和肩关节，双臂借助躯干的转动力量将甩球击向身后的墙壁，甩球击墙点与肩水平，借助甩球在墙面的反弹力，躯干快速向反方向转动，使甩球击打另一侧身后的墙面，击墙点与肩平行，依次重复动作。（图5-79）

练习要点：练习过程中挺胸抬头，后背收紧，时刻保持腰椎稳定。

图5-79　站姿甩球击墙

11. 杠铃杆左右过肩抡摆

练习目的：发展腹部肌群的旋转力量。

起始姿势：杠铃杆一端置于万向节或地面的凹槽中，练习者面对器材，两脚开立与肩同宽，呈基本准备姿势站立。两手紧握杠铃杆的另一端置于体侧。

动作过程：练习开始时，臀肌充分发力并旋转，躯干顺势快速旋转带动杠铃杆从身体一侧经头的前上方至身体的另一侧，做短暂停顿后再快速沿原路线返回起始位置，重复动作。杠铃到最高点时髋、膝、踝关节充分蹬伸。（图5-80）

练习要点：练习过程中挺胸抬头后背收紧，时刻保持腰椎稳定。

图5-80 杠铃杆左右过肩抡摆

12. 杠铃杆侧向旋转

练习目的：发展腹部肌群的旋转力量。

起始姿势：杠铃杆一端置于万向节或地面的凹槽中，练习者侧对器材，两脚开立与肩同宽，膝关节成120°，挺胸抬头，双手紧握杠铃杆的另一端置于体前。

动作过程：练习开始，臀肌充分发力并旋转，躯干快速向右旋转，杠铃到最高点时髋、膝、踝关节充分蹬伸，腰背收紧，肘关节伸直，做短暂停顿，再沿原路线返回起始位置，另一侧重复动作。（图5-81）

练习要点：练习过程中挺胸抬头后背收紧，时刻保持腰椎稳定。

图5-81 杠铃杆侧向旋转

13. 站姿拉长绳

练习目的：发展腹部肌群的旋转力量。

起始姿势：两腿自然分开，屈膝、屈髋，成基本准备姿势站立。上体伸直，重心稍前倾，一手将大绳握于肋间，另一手向前伸握住大绳。

动作过程：练习开始，双手交替迅速向后拉绳，要求每次都向后拉到位，使胸椎充分旋转。（图5-82）

练习要点：练习过程中挺胸抬头后背收紧，时刻保持腰椎稳定。

图5-82 站姿拉长绳

14. 站姿抖长绳

练习目的：发展腹部肌群的旋转力量。

起始姿势：两脚分开与肩同宽，上体挺直，身体稍前倾，屈膝成半蹲姿势，单手握一根长绳。

动作过程：练习开始，做单臂上下抖动练习，身体重心在垂线上做上下移动，动作幅度要大，身体尽力充分伸展。

练习要点：动作熟练后也可两手分别握一根长绳，两臂做上下交替的抖绳练习（图5-83）；也可两手分别握一根长绳，两臂同时做上下抖动练习。

图5-83　站姿抖长绳

第六章　竞技体操运动员的专项速度与灵敏性训练

导语：竞技体操运动员的专项速度训练是身体运动功能训练的重要内容，本章从竞技体操运动员的专项速度需求、直线与加速度训练，以及动作速度等几个方面进行介绍。

第一节　竞技体操运动员的专项速度与灵敏需求

一、专项速度需求

速度素质是指在单位时间内身体或身体某部位位移的距离或在较短时间内完成某一动作的速率，其中包括三个方面，即快速通过某一距离的能力；对每种刺激快速反应的能力；快速完成动作的能力。要想提高速度素质，主要是提高大脑皮质的兴奋性，抑制过程转换的灵活性和中枢神经系统的协调性，以及发展人体各肌肉快速收缩完成动作的能力。速度素质能更快地动员呼吸和循环系统，而且对掌握技术、提高运动成绩具有重要的意义。体操运动员的速度素质训练包括位移速度训练、动作速度训练以及反应速度训练，在训练过程中要根据竞技体操专项所需要的速度素质进行训练。另外，体操运动员的动作速度经常和完成动作的力量有很大关系。所以在进行速度素质训练时也要结合一定的力量训练。

二、灵敏需求

灵敏素质是一项集技巧、神经反应、速度及力量等多项因素于一体的综合性运动素质。尤其是体操运动员，由于他们在完成动作时需要具备较高的身体柔韧性和敏捷性，因此更要拥有较高的灵敏素质。运动员凭借良好的判断力和反应速度在各种复杂的条件下能够迅速、准确、协调地做出具有一定难度的动作。准确表现为在完成难度动作过程中在方向、时间、空间和用力特征，以及复杂动作的协调配合上呈现出精准性。对于灵敏素质而言，"变"是根本，"快"是关键，而改变方向的能力、变换动作的能力和协调性是灵敏素质的外在表现。

第二节　速度训练

一、提高位移速度的练习方法

1. 30米冲刺跑

练习目的： 锻炼股四头肌、腘绳肌等。

起始姿势： 用站立式起跑。

动作过程： 跑动时保持运动肌协调放松，途中跑时脚弹性支撑，与地面接触时间短，大步幅、快频率。（图6-1）

练习要点： 发令后运动员以合理加速节奏尽快达到人体最大移动速度并跑过规定的距离。

图6-1　30米冲刺跑

2. 60~100米冲刺跑

练习目的：锻炼股四头肌、腘绳肌等。

起始姿势：用站立式起跑。

动作过程：跑动时保持运动肌协调放松，途中跑时脚弹性支撑，与地面接触时间短、大步幅、快频率、向前性好。（图6-2）

练习要点：发令后运动员以合理加速节奏尽快达到人体最大移动速度并跑过规定的距离。

图6-2　60~100米冲刺跑

二、提高动作速度的练习方法

1. 立卧撑

练习目的：锻炼神经肌肉系统。

起始姿势：受试者从站立姿势开始。

动作过程：快速趴下做一个标准的俯卧撑，利用腰腹力量收腿站起来，重复以上动作。（图6-3）

练习要点：灵敏素质与协调素质的有机结合，要求受试者快速协调变换动作。

图6-3　立卧撑

2. 杠内支撑向前

练习目的：锻炼手臂、肩带等部位。
起始姿势：双臂挂于杠上。
动作过程：双臂发力，使身体向前移动。（图6-4）
练习要点：上肢协调发力，身体保持核心收紧。

图6-4 杠内支撑向前

3. 扶持手倒立快速推起

练习目的：锻炼手臂、肩等部位。

起始姿势：辅助者手扶练习者小腿部位保证其稳定，练习者呈倒立姿势，双手与肩同宽，手指稍微外展。

动作过程：练习者屈臂下放，在头部快接近地面时迅速推起。（图6-5）

练习要点：倒立时核心保持收紧，身体保持稳定。

图6-5 扶持手倒立快速推起

4. 垫上快速顶肩推手

练习目的：锻炼手臂、肩部等。

起始姿势：呈倒立姿势。

动作过程：在倒立姿势稳定后，手臂迅速发力将身体向上推起（可以由辅助者协助完成）。（图6-6）

练习要点：倒立时核心收紧，保持身体稳定，上肢发力集中。

图6-6 垫上快速顶肩推手

5. 坐姿哑铃快速推举

练习目的：锻炼手臂、肩部等。

起始姿势：坐在平凳上，双脚自然分开，双腿稳定住身体，腰部收紧，收腹挺胸，双手持铃握于头部两侧，保持在上臂和前臂的夹角为90°。

动作过程：双手握住哑铃中间的位置，从身体两侧举起，双臂伸直，手心朝向正前方。（图6-7）

练习要点：在整个练习过程中，手腕用力并保持固定。

图6-7 坐姿哑铃快速推举

6. 马头快速上振

练习目的：锻炼核心肌群、手臂。

起始姿势：呈俯卧姿上半身于器械上，双手扶紧器械。

动作过程：核心发力将身体下半身抬起，双手抓紧器械。（图6-8）

练习要点：核心收紧，下身抬起时保持稳定。

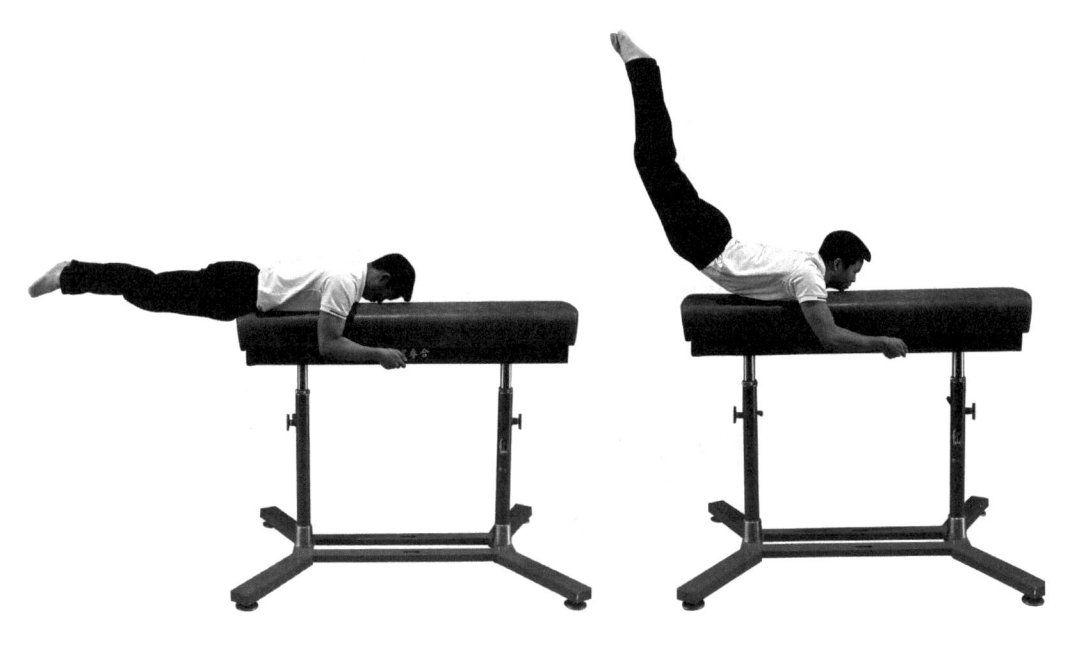

图6-8　马头快速上振

7. 连续快速反弓纵跳

练习目的：发展下肢爆发力。

起始姿势：双臂前平举，目视前方，呈准备姿势。

动作过程：双手下摆，身体下蹲，髋、膝、踝迅速蹬伸，在空中最高点使身体呈反弓形。（图6-9）

练习要点：髋、膝、踝蹬伸有力，空中身体核心收紧。

图6-9　连续快速反弓纵跳

8. 俯卧快速两头起

练习目的： 锻炼脊椎部位、竖脊肌、臀大肌。

起始姿势： 俯卧在地板或瑜伽垫上，双臂伸直，两腿也伸直，身体呈放松状态。

动作过程： 两臂和两腿同时向上抬起离开地面，在最高点稍停片刻，保持紧张收缩状态，再慢慢放松并呼气，返回起始位置，重复动作。（图6-10）

练习要点： 最高点使身体呈反弓。

图6-10 俯卧快速两头起

9. 肋木悬垂快速举腿

练习目的： 锻炼腹部、手臂。

起始姿势： 双手紧握肋木，使身体悬垂于空中。

动作过程： 核心收紧，腹部发力快速抬起下半身至头顶前上方。（图6-11）

练习要点： 手臂支撑稳定，身体减少晃动。

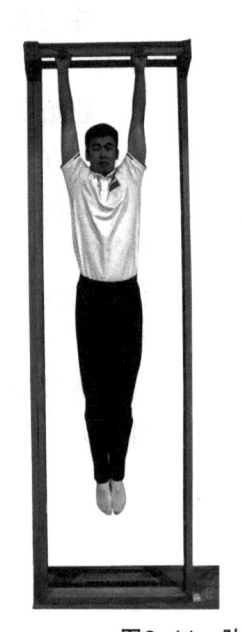

图6-11 肋木悬垂快速举腿

10. 快速两头起

练习目的： 发展腹直肌、股四头肌的力量和身体的协调性。

起始姿势： 仰卧在地板或瑜伽垫上，伸直双臂，双腿伸直绷紧，使身体呈"一"字形。

动作过程： 双腿向上抬升，同时肩背也随之离开地面，并抬起双臂，由头顶向脚的方向伸出，再用双手碰触上抬的小腿。（图6-12）

练习要点： 在最高点稍停留，再放松并呼气，慢慢回到起始位置，继续动作。

图6-12　快速两头起

11. 挂臂快速翻臀

练习目的： 锻炼腹部、手臂。

起始姿势： 双臂支撑于杠上，呈准备姿势。

动作过程： 腹部发力迅速使下半身上举并与身体折叠，臀部超过杠面。（图6-13）

练习要点： 身体核心收紧，双手抓紧杠保持稳定。

图6-13　挂臂快速翻臀

12. 连续屈体分腿跳

练习目的：发展大腿爆发力。

起始姿势：双腿并拢站立，保持身体挺直，双手自然下垂。

动作过程：起跳双腿向两侧分开，同时向上触碰双手，保持身体平衡，双腿同时着地，同时将双手放下。（图6-14）

练习要点：避免膝关节内扣，以免造成膝关节受伤；要注意双腿分开的距离，可以根据个人的柔韧性和舒适度进行调整。

图6-14　连续屈体分腿跳

13. 连续快速纵劈腿跳

练习目的：发展大腿爆发力、柔韧性。

起始姿势：双腿并拢站立，保持身体挺直，双手自然下垂。

动作过程：起跳双腿前后分开，保持身体平衡，双腿同时着地。（图6-15）

练习要点：在空中尽量保持两腿分开角度；跳跃时有爆发力。

图6-15　连续快速纵劈腿跳

三、提高反应速度的练习方法

1. 转身起跑

练习目的：发展神经肌肉系统。
起始姿势：背对前进方向呈基本站立姿势。
动作过程：听到信号后迅速转体180°，起动加速跑20米。（图6-16）
练习要点：练习者保持注意力集中，信号发出后全速完成动作。

图6-16 转身起跑

2. 高抬腿接启动加速跑

练习目的：发展神经肌肉控制系统。
起始姿势：呈基本站立姿势开始。
动作过程：做原地高抬腿跑，听到信号后突然加速冲跑10~20米。（图6-17）
练习要点：练习时保持注意力集中，高抬腿跑转变为加速跑衔接要快。

图6-17 高抬腿接启动加速跑

3. 双人网球抛接球

练习目的：发展神经肌肉系统。

起始姿势：面向队友屈膝站立。

动作过程：双方各手持一个网球，同时向对方抛去。练习过程中，队友不断改变抛球位置，使练习者不断移动接球。（图6-18）

练习要点：练习者全程保持屈膝，前脚掌触地。

图6-18　双人网球抛接球

4. 冲刺接球

练习目的：发展神经肌肉系统。

起始姿势：练习者双膝微屈，前脚掌触地呈准备姿势。

动作过程：练习者原地小碎步开始，队友双手持球侧平举，练习者在看到队友随机一只手中的球落地后立刻上前接住触地反弹上来的球。（图6-19）

练习要点：保持小碎步的节奏，看到球落地后反应迅速。

图6-19　冲刺接球

5. 背对冲刺接球

练习目的：发展神经肌肉系统。

起始姿势：练习者背对队友，教练员双手各持一个球侧平举。

动作过程：在听到转身的指令后，练习者迅速转身上前接住教练员随机一只手中落地后反弹上来的球。（图6-20）

练习要点：注意力要集中，听觉反应速度和转身上步要快。

图6-20 背向冲刺接球

6. 拍肩左右方向跑

练习目的：发展神经肌肉系统。

起始姿势：队友与练习者前后相距一臂距离站立。

动作过程：直线跑道上行进间并列慢跑，后者拍前者左右肩膀，前者向拍肩方向快速跑出5步，返回原位。熟练练习后，可要求练习者向拍肩方向的反方向跑，增加难度。（图6-21）

练习要点：练习者收到指令后迅速按要求做出动作。

图6-21 拍肩左右方向跑

7. 口令方位跳

练习目的： 发展神经肌肉系统。

起始姿势： 练习者两人一组，前后站位，前者背对后者。

动作过程： 根据后者"前""后""左""右"四种信号，前者做出相对应方向的跳跃，并立即恢复起始姿势。熟练后，可要求受试者向信号的反方向跳跃，增加难度。（图6-22）

练习要点： 发令受试者要求口令清晰，练习者双脚并拢跳跃，根据口令要求快速反应，前脚掌落地点地后即刻返回起始位置。

图6-22 口令方位跳

第三节 灵敏性训练

一、灵敏性训练的注意事项

发展灵敏素质主要采用变换训练法。训练强度一般较大，速度较快。练习次数不宜过多，训练时间不宜过长，因为机体疲劳力量就会下降、速度变慢、反应迟钝，不利于灵敏素质的发展。练习之间应有足够的休息时间，以保证氧气补充和肌肉中高能物质的再合成；但休息时间过长，又会使神经系统的兴奋性下降，一般练习时间与休息时间约为1：3。

二、提高灵敏性的训练方法

1. 两脚开合前跳

练习目的：锻炼腓肠肌、内收肌等。
起始姿势：膝关节弯曲，两脚开立于梯外，重心在两腿之间。
动作过程：两脚同时蹬地，落于前面一格内，落地后两脚同时蹬地，分立于梯外，循环向前。（图6-23）
练习要点：重心始终控制在两腿之间，在空中控制好身体姿态，分腿时速度要快。

图6-23 两腿开合前跳

2. 双脚连续跳

练习目的：锻炼腓肠肌、股四头肌等。
起始姿势：双脚自然分开面向绳梯站立。
动作过程：快速伸膝伸踝跳向第一格内，落地后继续跳向下一格。（图6-24）
练习要点：落地后立即向前跳，跳跃时注意摆臂。

图6-24 双脚连续跳

3. 单脚连续跳

练习目的：锻炼腓肠肌、股四头肌等。

起始姿势：双脚自然分开面向绳梯站立。

动作过程：单脚支撑，面向绳梯不换脚连续向前跳。（图6-25）

练习要点：落地后立即向前跳，脚尖始终向前，整个过程中控制好身体姿态。

图6-25 单脚连续跳

4. 侧面并脚前后跳

练习目的：锻炼腓肠肌、股四头肌等。

起始姿势：双脚站立，侧向面对绳梯。

动作过程：双脚向前跳落入格内，立即向身体右后方跳，落点位于下一格格外，落地后再次前跳，按此循环进行。（图6-26）

练习要点：整个过程中控制好身体姿态，注意落地的位置，速度尽量快。

图6-26 侧面并脚前后跳

5. 正面左右跳

练习目的：锻炼腓肠肌、股四头肌等。

起始姿势：双脚站立，面向绳梯。

动作过程：双脚跳入格内，立即向右前方跳，落于格外，落地后再次向左前方跳，落于下一格格中，按此循环进行。（图6-27）

练习要点：整个过程中控制好身体姿态，注意落地的位置，速度尽量快。

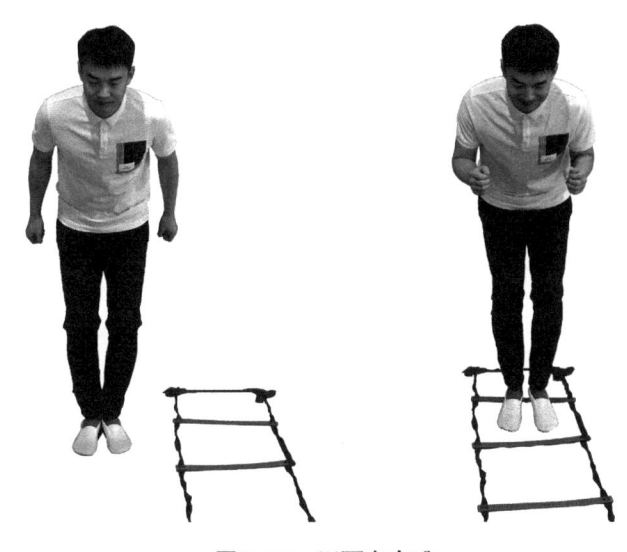

图6-27 正面左右跳

6. 单脚跳进跳出

练习目的：锻炼腓肠肌、臀大肌等。

起始姿势：单脚站立于绳梯一侧，面向绳梯。

动作过程：单脚向前跳落入格内，立即向右后方跳，落点位于下一格格外，落地后再次跳入此格格内，按此循环进行。（图6-28）

练习要点：整个过程中保持单脚侧向移动的稳定性，注意落地后尽可能快地进行下一次跳跃。

图6-28 单脚跳进跳出

7. T型跑

练习目的：锻炼股四头肌、腘绳肌等。

起始姿势：站立式起跑姿势。

动作过程：练习者距离三个标志桶5米距离，听到指令后迅速跑至左手方向标志桶并触摸，随后侧向滑步至最右侧标志桶并触摸，最后返回原地。（图6-29）

练习要点：练习过程要保持核心收紧，跑动过程中始终面朝前方。

图6-29　T型跑

第七章　竞技体操运动员的平衡能力训练

导语：平衡能力的训练对于竞技体操运动员来说至关重要，本章简单介绍发展平衡能力的训练方法。通过本章学习，能够使运动员了解平衡能力的基本知识和训练方法。

第一节　竞技体操运动员的平衡能力需求

一、平衡能力

平衡能力是指人体维持平衡的本领。人体运动时总是与维持相对稳定的身体位置（身体姿势）相联系，即与保持平衡相联系。平衡是通过对抗使身体偏离适宜位置的力（如惯性力、支撑反应力等）而达到的状态。人体保持稳定姿势的能力是保证人体基本静态位置的关键能力，也是人体有效完成某一动作的基础。

二、平衡的分类

通常将运动员的平衡能力分为静态平衡能力、动态平衡能力和对称性平衡能力。对称性平衡（reciprocal balance）是指能否将身体的重量均等地分配到身体支撑点的能力，如人站立时的双脚受力、坐位时的两臀受力是否均等。静态平衡（static balance）是指人体在相对静止的状态下，维持身体某种特定姿势一段时间的能力，如站立、金鸡独立、倒立等均为静态平衡。动态平衡（dynamic balance）是指人体在运动过程中，控制身体姿势的能力，如蹦床、体操等均需要很好的动态平衡能力。动态平衡能力包括两个方面：自动态平衡，即人体在进行各种自主运动，如由坐到站或由站到坐等各种姿势间的转换运动时能重新获得稳定状态的能力；他动态平衡，即人体对外界干扰，如推、拉等产生反应、恢复稳定状态的能力。

三、平衡能力的生理机制

从生理学角度看，影响人体平衡能力的主要因素包括视觉系统、前庭系统、肌肉本体感觉以及中枢神经的协调配合，其中前庭系统、肌肉本体感觉系统和视觉系统称为"平衡三联"[1]。平衡的工作原理是人体接收到外界的刺激后，通过平衡三联传导到脑干，在脑干网状结构处进行整合，首先使三者的感受充分协调，产生正确的方向认知，平衡三联再通过网状结构与运动系统发生连接，完成平衡反射。与此同时，网状结构还将平衡三联与脑干中相关的内脏调动起来，在内脏中产生一系列的平衡反应。当平衡三联中的任意一种或一种以上发生功能异常或输入不充分时都可能会导致人体平衡障碍，进而引发跌倒[2]。在维持平衡的机能系统中，前庭系统的作用最大。前庭感受器主要有半规管壶腹嵴和耳石器，其中半规管壶腹嵴主要感受头部角加速度运动的刺激，耳石器主要感受头部直线加速度运动的刺激，因为中枢神经系统最先接收到的是加速形式的信号，所以前庭系统被认为是判定平衡能力的最主要机能系统[3]。

四、平衡能力在竞技体操中的体现

在竞技体操运动中，运动员为了顺利完成场上不同的技术动作，必须准确及时地作出判断，迅速改变体位，转换动作或为下一个动作的衔接做好准备，以确保动作的完成度，使动作优美、流畅，并具有观赏性。此外，体操中有大量的动作练习属于非周期性运动，具有复杂多变、难度高等特点。这就要求体操运动员有较好的平衡能力，能够良好地控制身体重心，以期高质量完成技术动作。

体操中的平衡分为静力性平衡和动力性平衡，运动员在静止状态所做的平衡动作称为静力性平衡，如吊环、自由体操、双杠上的支撑用力平衡动作。与

---

[1] 王秀阳，王伟，许莉敏，等. 老年人身体平衡能力的影响因素及改善方法[J]. 中国康复医学杂志，2015，30（6）：631-634.

[2] Whitney SL, Marchetti GF, Schade AI. The relationship between falls history and computerized dynamic posturography in persons with balance and vestibular disorders [J]. Arch Phys Med rehabil, 2006, 87（3）: 402-407.

[3] 任志斌，陈静. 人体平衡能力影响因素综述[J]. 体育科技文献通报，2021，29（11）：213-216.

跑、跳、翻转、腾空连接的平衡动作称为动力性平衡，如自由体操一整套动作。在跑、跳、翻转、腾空中平衡，需要克服惯性的作用[1]。

平衡能力在体操中有着至关重要的作用，平衡的好与差直接关系到动作质量的高与低。平衡动作是衡量运动员的身体控制能力及构成高难度动作的重要内容，各种平衡动作都必须使身体重心的投影线落在支撑面内，方能保持平衡[2]。体操动作复杂多变，又有连续性，要求各肌群中枢间、各感觉中枢与肌肉本体感觉中枢间建立起空间和时间上的精确协调关系，并形成人与器械、时间、空间融合为一体的综合感觉[3]。水平越高的运动员，平衡能力越好。体操运动在训练和比赛中总是在高速跳跃、变换动作中通过调整身体姿态改变重心、运动轨迹以完成各种支撑和平衡控制，在反复变换动作的过程中，不断提高身体各器官的协调能力，使技术动作更加熟练。在长期系统的训练中，对运动员平衡能力的提高有良好的促进作用。此外，平衡能力的训练还对预防运动伤病起着关键性作用。在接触性运动项目和非接触性运动项目中运动员的下肢运动性创伤是非常普遍的现象。下肢运动性创伤可导致姿势不稳、姿势不对称及相应的后遗症。一般认为保持恰当的直立姿势是人体的基本要求，不仅高水平竞技运动要求恰当的直立姿势，而且恰当的直立姿势也可以预防运动创伤[4]。实际上，已有不少研究证明平衡能力训练对运动员各类创伤的恢复能起到良好作用，并且通过平衡能力的训练能够有效预防踝关节和膝关节的运动损伤。

第二节　平衡能力训练方法

在运动中，平衡性不是孤立地发挥作用，因此，不应将其视为训练的一个孤立组成部分。综合训练计划要求将平衡性训练纳入全面的多板块训练中，后者还包括柔韧性训练、核心训练、快速伸缩复合训练，以及速度、敏捷性和快速反应训练，抗阻训练与心肺训练。平衡性训练的主要目的是通过创造可控的不稳定性，不断提高运动员对自身平衡阈值或稳定性极限的认识。设计一个综

---

[1] 史小瑞.辽宁省男子竞技体操一、二级运动员平衡能力的比较研究[D].沈阳：沈阳体育学院，2012.
[2] 刘长青.简论艺术体操的平衡能力[J].重庆教育学院学报，1999，12（3）：51-53.
[3] 黄乐.体操[M].北京：高等教育出版社，2000.
[4] 李擎.乒乓球运动员平衡训练效果的研究[D].上海：上海体育学院，2010.

合的平衡性训练进阶计划需要创造一个本体感觉丰富的环境，并选择适当的练习。平衡性训练计划应以科学性为基础，采用系统化、进阶式和功能性的方法。设计综合平衡性训练计划需要选择适当的练习。练习必须安全，具有挑战性，强调多个运动平面，融合多感官方法，并衍生于可在活动中直接运用的基本运动技能。在设计综合平衡性训练计划时，应该遵循循序渐进的原则，即练习应该从慢到快，从简单到复杂，从已知到未知，从低负荷到高负荷，从静态到动态，从双臂到单臂，从双腿到单腿，从稳定到不稳定，从睁眼到闭眼，并且最重要的是，质量优于数量。平衡性训练计划的进阶可以通过增加外部阻力来实现。外部阻力具有多种形式，包括由弹力绳、哑铃、药球、硬式药球、杠铃、壶铃、训练器械、沙袋等提供的。本体感觉应该是最重要的进阶变量，应在正确掌握每个动作后再增加外部阻力。平衡训练的具体方法涵盖了许多方面，以下是一些常见和有效的平衡训练方法。

（一）视觉系统训练

视觉感受器官要提供头部相对于环境的物理位置的变化以及头部相对于环境的定位的信息。当身体的平衡因躯体感觉受到干扰或破坏时，视觉系统发挥重要作用。它通过颈部肌肉收缩使头保持向上直立位和水平视线来使身体保持或恢复到直立位，从而获得新的平衡。

1. 棋盘视觉训练法

通过观察棋盘上的黑白格子模式，训练运动员对对比度的感知能力。这种训练可以帮助他们更好地识别和理解图像中的不同颜色和明暗变化，以及它们之间的对比度。同时，通过仔细观察不同大小的棋盘格子，他们可以提高观察力和注意力。

2. 图像识别训练法

通过观察和识别各种图像，训练运动员的视觉辨别能力。这种训练可以帮助他们更好地理解不同的形状、图案和颜色，以及它们之间的差异和相似之处。这对于识别不同物体和场景非常有帮助。

3. 视觉记忆训练法

通过观察并记住一些图像或物体的位置和细节，训练运动员的视觉记忆能力。这种训练可以帮助他们更好地记住和理解之前看到过的图像和物体，以及它们的位置和细节。这对于提高记忆力和理解力非常有帮助。

4. 视觉追踪训练法

通过观察和追踪移动的物体，训练运动员的眼球和大脑对运动的感知能力。这种训练可以帮助他们更好地跟踪和理解移动的物体，以及它们在空间中的运动轨迹。这对于提高追踪能力和运动感知非常有帮助。

5. 视觉注意力训练法

通过集中注意力观察特定的目标，训练视觉专注能力。这种训练可以帮助运动员更好地专注于想要观察的目标，并忽略其他不相关的干扰因素。这对于提高专注力和注意力非常有帮助。

6. 视觉判断训练法

通过观察和判断不同的视觉刺激，训练运动员的视觉决策能力。这种训练可以帮助他们更好地理解和判断不同的视觉刺激，以及它们之间的差异和相似之处。这对于提高判断力和决策能力非常有帮助。

7. 视觉空间训练法

通过观察和理解物体在空间中的位置和关系，训练运动员的视觉空间能力。这种训练可以帮助他们更好地理解物体之间的相对位置和关系，以及它们在空间中的形状和分布。这对于提高空间认知和立体感非常有帮助。

8. 视觉配对训练法

通过观察和配对不同的视觉刺激，训练运动员的视觉关联能力。这种训练可以帮助他们更好地理解和匹配不同的视觉刺激，以及它们之间的相似之处和差异之处。这对于提高配对能力和关联能力非常有帮助。

9. 视觉反应训练法

通过观察和对不同的视觉刺激进行反应，训练运动员的视觉反应能力。这种训练可以帮助他们更快地响应和理解不同的视觉刺激，以及它们之间的变化和差异。这对于提高反应速度和应对能力非常有帮助。

（二）静态平衡练习

1. 单腿闭眼站立

练习目的：提高视觉及身体平衡能力。

起始姿势：将一腿抬起，小腿与地面平行，大腿与小腿的夹角呈90°。双手自然放于体侧。

动作过程：单腿支撑的同时，双手侧举。注意摆动腿勾脚，保持平衡。尽量延长站立时间。闭眼进行训练。（图7-1）

练习要点：保持身体挺直，核心肌群紧绷，注意呼吸。

图7-1　单腿闭眼站立

2. 四点撑超人

练习目的：增强上下肢的协调配合能力与稳定性。

起始姿势：练习者双臂伸直俯撑于垫子上，双膝跪地，膝关节成90°，腰背挺直，腹部收紧。

动作过程：右手和左腿缓慢抬至与地面平行，身体保持稳定。（图7-2）

练习要点：臀部及腹部肌肉收紧，后背部保持平直，身体尽量保持平稳，不要出现左右晃动。

图7-2　四点撑超人

3. 提踵抱膝平衡

练习目的：发展单腿平衡与动态变化中身体神经肌肉协调控制能力。

起始姿势：单腿站立，另一条腿高抬，大腿与地面平行，两臂自然放于两侧，两眼平视前方。

动作过程：单腿支撑，双手抱膝，身体保持直立，控制3秒后提踵，重复此动作后换腿练习。（图7-3）

练习要点：在动作变化的过程中控制好身体的平衡，不断变化姿势寻找新的平衡；反复练习至熟练后可闭眼做此动作。

图7-3 提踵抱膝平衡

4. 单腿蹲

练习目的：提高脚踝、髋关节的灵活性及稳定性。

起始姿势：一腿支撑，另一腿抬起，双手放于体侧。

动作过程：保持支撑脚脚尖朝前，足、踝、膝和腰椎—骨盆—髋关节复合体保持在中立位。抬起腿向前伸直，需要注意保持身体的平稳控制，慢慢下蹲到一个舒适的角度，尽量使两侧大腿完全重叠，支撑脚的脚跟需要始终在地面上。（图7-4）

练习要点：下蹲时背部尽量保持挺直，避免出现背部拱起或者大腿抽筋的现象。

图7-4 单腿蹲

5. 燕式平衡

练习目的：提高腿部力量及身体平衡能力。

起始姿势：双脚开立，重心放在左腿上，左腿直膝站立，膝关节稍弯曲。

动作过程：右脚离地，右腿伸直，不改变左膝的弯曲角度，躯干保持直立，俯身直到与地面平行，双臂侧平举，掌心朝下。（图7-5）

练习要点：在降低躯干时，右腿应该保持与身体呈一条直线；两侧交替进行，完成相同的次数。

图7-5 燕式平衡

6. 瑞士球跪姿稳定练习

练习目的：增强核心稳定性以及在不稳定状态下的身体协调能力。

起始姿势：练习者跪在瑞士球上保持平衡。

动作过程：膝关节弯曲约90°，躯干竖直。膝关节挤压球以保持平衡。由于此练习相对有难度，练习过程中可让同伴保护。（图7-6）

练习要点：完成此练习时注意与同伴配合，注意安全。

图7-6 瑞士球跪姿稳定练习

7. 瑞士球俯桥（脚撑）

练习目的：发展躯干平衡能力及核心稳定性。
起始姿势：双脚置于瑞士球上，手臂伸直撑于垫上。
动作过程：双臂垂直于地面，双手与肩同宽，核心收紧，完成俯桥动作。（图7-7）
练习要点：练习时保持臀肌、腹肌收紧，身体呈直线；可通过计时确定负荷强度。

图7-7 瑞士球俯桥（脚撑）

8. 瑞士球俯桥（肘撑）

练习目的： 发展肘部、腕部力量及肩部稳定性。

起始姿势： 双手或双肘撑于瑞士球上。

动作过程： 核心收紧，躯干直立，脚尖撑地，整个身体保持一条直线，做俯桥动作。（图7-8）

练习要点： 练习时要保持臀肌、腹肌收紧，身体呈直线；可通过计时来确定负荷。

图7-8 瑞士球俯桥（肘撑）

9. 单腿半脚掌支撑

练习目的： 发展膝关节稳定性和协调能力。

起始姿势： 单腿站于平衡板上，前脚掌支撑，另一腿小腿向右抬起。

动作过程： 俯身前倾呈半蹲姿势，抬起腿向后脚尖点地还原，做完后换对侧腿练习。（图7-9）

练习要点： 注意踝关节协同发力。

图7-9 单腿半脚掌支撑

10. 瑞士球仰卧举腿

练习目的：提高身体核心区稳定性，以及使运动链力量对称。

起始姿势：仰卧于瑞士球上，双臂自然伸直置于身体两侧，肩部撑在瑞士球上。

动作过程：双腿屈膝，脚踩在地面，臀部收紧，上顶髋部，左（右）腿伸膝上抬，使肩、髋和膝三点成一条直线。受试者保持静态过程中不可下沉髋部。（图7-10）

练习要点：在练习过程中，保持好身体重心，在交换腿的过程中核心收紧，髋部不可下沉。

图7-10 瑞士球仰卧举腿

11. 瑞士球侧桥

练习目的：发展核心稳定性。

起始姿势：侧卧姿，一肘撑于瑞士球上，另一只手于身侧持哑铃，双脚并拢支撑。

动作过程：髋部抬起，身体呈直线，上侧腿屈膝抬起。持哑铃手上举哑铃至臂与肩呈一条直线，保持平衡，完成侧桥动作。（图7-11）

练习要点：练习时保持臀部、腹肌收紧，身体稳定呈直线；可通过计时确定负荷。

图7-11 瑞士球侧桥

12. 波速球单腿支撑—对侧髋外展

练习目的：提高膝关节稳定性及平衡协调能力。

起始姿势：站立于波速球非稳定面上。

动作过程：一腿支撑在波速球非稳定面上，双臂侧平举，摆动腿向身侧抬高，收回后向前抬高，收回后再向右抬高，后换另一侧完成动作。（图7-12）

练习要点：练习过程中保持身体稳定，抬腿时呼气。

图7-12 波速球单腿支撑—对侧髋外展

13. 波速球上燕式平衡

练习目的：提高神经肌肉控制力及发展平衡能力。

起始姿势：站立于波速球球面上，双手自然放于体侧。

动作过程：单脚站于波速球球面上，上半身前倾，同时另一腿向后抬起，双臂向前伸直，使躯干、摆动腿、双臂大致与地面平行，保持身体稳定。保持该姿势至规定的时间，换另一侧重复。（图7-13）

练习要点：充分伸展摆动腿与手臂时注意保持身体稳定。

图7-13　波速球上燕式平衡

（三）自动态平衡练习

1. 双脚跳跃

练习目的：锻炼腿部肌肉（大腿前侧、后侧、小腿等）和腹肌的同时提高本体感觉能力。

起始姿势：双脚并拢站立。

动作过程：在规定的区域内，双脚并拢进行跳跃，注意跳跃起来后绷住脚尖。（图7-14）

练习要点：身体挺直，保持跳跃的高度和稳定性；注意呼吸，下降时吸气，上升时呼气。

图7-14　双脚跳跃

2. 闭眼踩线行走

练习目的：提高人体平衡能力及视觉系统协调能力。

起始姿势：自然站立，双手叉腰。

动作过程：闭眼在一条线上行走，尽量保持脚不超出线。（图7-15）

练习要点：保持身体挺直，核心肌群紧绷，控制步伐的长度和稳定性。

图7-15　闭眼踩线行走

3. 闭眼单脚站立旋转

练习目的：提高视觉系统协调能力及发展人体平衡能力。

起始姿势：一腿抬起大腿与地面平行，大腿与小腿呈90°，双臂侧平举。

动作过程：在单腿站立的基础上，尝试进行旋转动作。保持平衡的同时，以一脚为支点，缓慢旋转身体。（图7-16）

练习要点：注意控制旋转的幅度和速度，避免过度用力或失去平衡。

图7-16　闭眼单脚站立旋转

4. 闭眼深蹲转体

练习目的：发展肌肉本体感觉及视觉平衡能力。

起始姿势：双脚开立与肩同宽，双臂弯曲，两手身前交叉握住。

动作过程：躯干保持直立，闭眼缓慢下蹲，尽量使大腿与地面平行，然后缓慢进行转体。（图7-17）

练习要点：注意保持身体的稳定和重心的控制，避免晃动。

图7-17 闭眼深蹲转体

5. 闭眼前后弓箭步跳跃

练习目的：提高身体协调能力及前庭系统能力。

起始姿势：双脚并拢站立。保持身体挺直，目视前方。

动作过程：左脚向前迈出一步，弯曲膝关节，使大腿与地面平行，后腿小腿与地面平行，呈弓箭步姿势。闭眼迅速用力跳起，左脚和右脚调换位置，在空中完成剪刀式交叉。落地时，右脚在前，左脚在后，双腿弯曲，保持平衡。重复以上动作，完成一定次数后换另一侧进行练习。（图7-18）

练习要点：保持身体挺直，不要向前或向后倾斜；跳跃时要用力；注意控制呼吸；在空中完成剪刀式交叉时，要保持稳定，避免失去平衡；落地时要注意控制力度，避免对膝关节造成过大的冲击。

图7-18 闭眼前后弓箭步跳跃

6. 交替单腿跳

练习目的：通过屈曲和伸直膝关节的动作可以锻炼大腿前侧肌群（股四头肌）和后侧肌群（半腱肌、半膜肌）及身体的本体感觉能力。

起始姿势：双脚自然开立，双臂自然下垂。

动作过程：摆动腿抬至小腿与地面平行，双臂自然前摆，同时向上跳起，交换脚落地。（图7-19）

练习要点：动作要缓慢进行，不要用力过猛；呼吸要自然，不要屏住呼吸；注意保持身体平衡，不要晃动或倾斜。

图7-19　交替单腿跳

7. 单脚转身跳

练习目的：提高臀部肌肉力量及身体协调性与平衡能力。

起始姿势：双脚并拢，身体直立，双臂自然下垂。

动作过程：右腿支撑，抬起左腿，背部挺直，右脚蹬地同时左腿和髋关节带动身体转90°，回到起始姿势，重复以上动作。换腿进行练习，两侧交替进行。（图7-20）

练习要点：动作要缓慢进行，不要用力过猛；跳跃时要尽量高，但要注意落地时的稳定性。

图7-20　单脚转身跳

8. 单腿撑体前屈

练习目的：提高躯体本体感觉及身体的协调性与平衡能力。

起始姿势：站立姿势，两脚间距略窄于肩。

动作过程：以右腿为例，右腿单腿支撑，左腿缓慢抬起，并尽可能达到垂直于地面的位置，身体前屈，双手与肩同宽，撑于身体正下方。完成后换对侧练习。（图7-21）

练习要点：在完成整个动作时要求缓慢匀速，摆动腿勾脚尖。

图7-21　单腿撑体前屈

9. 单腿支撑转肩

练习目的：发展核心稳定性以及身体平衡能力。

起始姿势：站立姿势，两脚间距略窄于肩。

动作过程：单腿支撑，支撑腿膝关节微微弯曲，身体处于中立位，双手交叉抱肩，肘关节外展。摆动腿脚抬起，使躯干在保持平衡的情况下最大限度地旋转，旋转过程中摆动腿不能远离支撑腿，动作缓慢且匀速完成，5次动作后换腿练习。（图7-22）

练习要点：完成动作过程中注意核心收紧，摆动腿注意勾脚。

图7-22　单腿支撑转肩

10. 单腿屈膝体前屈

练习目的：提高肌肉本体感觉及非稳定状态下神经肌肉控制能力。

起始姿势：向前迈出一小步，单腿支撑，支撑腿膝关节微屈。

动作过程：单腿支撑，摆动腿一侧手抱脚后屈，使脚跟接近臀部，另一侧手臂向上伸展，身体处于中立位，且不能晃动。在保持身体平衡的情况下抬起手俯身触地，且保持2秒，5次动作后换腿练习。（图7-23）

练习要点：支撑腿在体前屈时不能弯曲，起身时缓慢并注意幅度。

图7-23 单腿屈膝体前屈

11. 燕式平衡转体

练习目的：提高身体平衡能力，增强膝关节、踝关节力量。

起始姿势：单腿支撑，摆动腿向后抬至与地面平行，注意勾脚。

动作过程：支撑腿的膝关节微微弯曲，膝盖不要超过脚尖，髋关节在整个过程中要与地面保持水平、双臂平举至肩的高度，双手握拳、大拇指朝上。在保持平衡的状态下躯干向两侧转体，下侧手触地。在练习过程中，整个动作一次性完成，且匀速完成。（图7-24）

练习要点：在完成动作过程中注意膝盖朝向，不要内扣。

图7-24 燕式平衡转体

12. 抱膝顶髋

练习目的：增强踝关节和膝关节周围肌群力量，提高躯干稳定性及身体协调能力。

起始姿势：单腿支撑，另一腿抬起至大腿与地面平行，双手抱膝。

动作过程：使大腿正面贴紧躯干，同时勾脚尖，支撑腿向上顶髋，且脚跟离开地面，用脚尖支撑。（图7-25）

练习要点：在完成过程中身体不能晃动，躯干处于中立位。

图7-25 抱膝顶髋

13. 瑞士球背起

练习目的：主要发展神经肌肉控制能力及非平衡状态下肌肉发力的感觉。

起始姿势：俯卧，腹部置于瑞士球上，双腿抬起。

动作过程：身体呈直线后适时停顿，可以手扶垫子或固定物给予支撑，适应后可以同时向前举手臂，还原并重复此练习。（图7-26）

练习要点：臀部收紧，注意控制平衡和动作速度。

图7-26 瑞士球背起

14. 脚撑球仰卧顶髋

练习目的：提高髋部稳定性及在非稳定状态下神经肌肉的控制能力。

起始姿势：仰卧于垫上，双臂自然伸直放于身体两侧。

动作过程：肩部撑垫，双腿屈膝踩在瑞士球上，臀部收紧，上顶髋部。（图7-27）

练习要点：练习过程中控制好骨盆位置，核心收紧。

图7-27 脚撑球仰卧顶髋

15. 瑞士球俯桥——对侧收腿

练习目的：发展身体协调性及在不稳定状态下的躯干平衡能力。

起始姿势：双臂撑于瑞士球上，双脚脚尖撑地。

动作过程：在俯桥的基础上，单腿向上或向对侧收腿，注意收腿时要勾脚。（图7-28）

练习要点：练习时要保持身体平衡，核心收紧，髋部略微旋转，每次收腿后停顿3~5秒后还原。

图7-28 瑞士球俯桥——对侧收腿

16. 平衡盘上深蹲

练习目的：提高下肢平衡能力。

起始姿势：站于平衡盘上，身体直立，双脚略分开，脚尖朝前，双手前平举同肩高。

动作过程：膝关节弯曲，保持背部挺直，臀部向后坐，身体向下蹲（吸气），可蹲至大腿上沿与地面平行，然后起身回到起始位置（呼气）。（图7-29）

练习要点：练习过程中稳定好身体重心，注意不要过度屈髋。

图7-29 平衡盘上深蹲

17. 平衡垫单腿站立徒手硬拉

练习目的：提高非稳定状态下下肢平衡能力。

起始姿势：一腿站在平衡盘上，摆动腿后伸至与地面平行。

动作过程：支撑腿以臀大肌带动大腿前部肌群和股后肌群发力站立，然后还原成起始姿势。（图7-30）

练习要点：在练习动作过程中，臀大肌收紧发力，双臂自然前伸，不要借助手摆动等外力。

图7-30　平衡垫单腿站立徒手硬拉

18. 单腿罗马尼亚硬拉

练习目的：提高下肢平衡能力及核心稳定性。

起始姿势：双手成单手持哑铃，或者双手持杠铃，单腿支撑，膝关节稍微弯曲站立，躯干挺直。

动作过程：摆动腿伸直后伸，基本与地面平行，通过臀肌收紧和上体直体抬起，还原成起始姿势。（图7-31）

练习要点：在练习过程中，上体和腿部必须同步移动，前倾时要通过摆动腿的蹬伸动作动员臀部肌群共同参与运动。

图7-31　单腿罗马尼亚硬拉

19. 双侧非稳定性俯卧撑

练习目的：主要发展身体平衡能力和两侧肌肉的控制能力，体会在非平衡状态下发展肌肉力量。

起始姿势：双臂伸直撑在实心球上呈俯卧撑姿势，双脚脚背分别支撑在悬吊带手柄上，全身用力，核心收紧。

动作过程：控制身体平衡，屈臂降低身体重心，完成俯卧撑练习。也可将双手支撑变为单手支撑，即一只手撑在实心球上。（图7-32）

练习要点：保持躯干平衡稳定，控制好呼吸。

图7-32 双侧非稳定性俯卧撑

20. 抱球跨步

练习目的：主要发展神经肌肉控制能力及非平衡状态下肌肉发力的感觉。

起始姿势：右脚单脚站立，双手持球自然置于胸前。

动作过程：左腿向左侧跨一大步，然后右腿后举，上体前倾与地面平行，右腿同样与地面平行，双手持球前平举，换腿重复此动作。（图7-33）

图7-33 抱球跨步

练习要点：练习过程中注意控制好身体的平衡，保持姿势正确。

21. 波速球上双脚跳

练习目的： 提高膝关节稳定性及肌肉本体感觉能力。

起始姿势： 波速球稳定面置于身体前方的地面上，双腿屈膝半蹲，双臂后摆。

动作过程： 双臂上摆，举过头顶，同时向前向上跳起，双脚同时落在波速球的球面上，身体保持稳定，回到起始姿势。（图7-34）

练习要点： 双脚落在波速球球面上后，屈髋屈膝，迅速降低身体重心，以保持身体平衡。

图7-34 波速球上双脚跳

22. 波速球上分腿蹲跳

练习目的： 提高本体感觉能力及发展腿部力量。

起始姿势： 波速球置于身体前方，一脚踩在波速球球面上，另一脚脚尖着地，呈弓步姿势。

动作过程： 双臂上摆，举过头顶，同时伸髋伸膝，向上跳起，双脚在空中交换位置，落地后仍呈起始弓步姿势。换至另一侧重复，两侧交替进行。（图7-35）

练习要点： 起跳时身体尽量伸展开，全程保持身体稳定。

第七章 竞技体操运动员的平衡能力训练

图7-35 波速球上分腿蹲跳

23. 波速球仰卧抬腿静控

练习目的：发展平衡能力及提高核心稳定性。

起始姿势：坐在波速球稳定面上，背部挺直。

动作过程：双腿屈膝并向上抬起，双手抱住大腿后侧，目视前方，保持该姿势至规定时间。（图7-36）

练习要点：全程保持核心收紧，身体重心不要偏移。

图7-36 波速球仰卧抬腿静控

24. 波速球上手持药球深蹲

练习目的：提高肌肉本体感觉及发展平衡与协调能力。

起始姿势：双脚分开，站在波速球稳定面上。

动作过程：双臂向前伸直，双手握住药球，双腿屈膝，下蹲至大腿与地面平行。回到起始姿势，完成规定次数。（图7-37）

练习要点：下蹲时，注意膝盖与脚尖方向一致，核心收紧，保持身体稳定。

图7-37　波速球上手持药球深蹲

25. 波速球三方式深蹲

练习目的：提高肌肉本体感觉及身体平衡与协调能力。

起始姿势：身体侧对波速球站立，一侧脚踩在波速球球面上，对侧脚踩在地面上。

动作过程：双臂侧平举，双腿屈膝下蹲，起身，双脚同时站在波速球的球面上。双臂保持侧平举，双腿屈膝下蹲，起身，一开始踩在球上的脚站在地面上，对侧脚踩在球上。双臂保持侧平举，双腿屈膝下蹲，起身后回到起始姿势。（图7-38）

练习要点：下蹲时膝盖与脚尖方向一致，核心保持收紧。

图7-38　波速球三方式深蹲

26. 波速球上分腿蹲

练习目的：提高膝关节稳定性，发展平衡能力。

起始姿势：一脚踩在波速球上，另一脚脚尖撑地。

动作过程：屈膝下蹲至大腿与地面平行，双手置于身体两侧，做弓箭步下蹲动作后回到起始姿势，完成规定的次数，换至另一侧重复。（图7-39）

练习要点：屈膝下蹲时，撑在地上的腿的膝关节与脚尖方向一致，核心保持收紧（可抬高前脚与后脚）。

图7-39　波速球上分腿蹲

（四）他动态平衡

1. 平衡垫上半蹲双人传球

练习目的：发展动态平衡能力，以及核心稳定性。

起始姿势：两人一组，面对面站立，相隔3米距离。

动作过程：练习者站于平衡垫上呈半蹲姿势接球，配合者抛球，进行双人抛接球练习。（图7-40）

练习要点：注意及时调整身体位置，尽量保证球传接始终处于身体正前方。

图7-40　平衡垫上半蹲双人传球

2. 波速球上抛接球

练习目的：提高不稳定状态下神经肌肉控制能力及身体协调能力。

起始姿势：微屈膝站于球上。

动作过程：在保持身体平衡的同时，与辅助的同伴进行接抛按摩球或药球练习，可采用单手或双手接球。（图7-41）

练习要点：接传球过程中保持身体平衡，注意非稳定状态下膝关节的方向。

图7-41 波速球上抛接球

3. 平衡垫上双人抛药球（对抗）

练习目的：提高身体协调性，发展平衡能力。

起始姿势：单脚或双脚站立在波速球上，手持药球。

动作过程：配合者扔一个药球，练习者用球将对方球击回。（图7-42）

练习要点：注意保持核心收紧，以及支撑腿的膝关节朝向。

图7-42 平横垫上双人抛药球（对抗）

4. 双人配合单腿—单手横向甩绳

练习目的：提高膝关节稳定性，发展平衡能力。

起始姿势：两人面对面站立，练习者单腿支撑，一人手持绳子一端。

动作过程：对绳子施加适当的拉力，臀部稍微向后移动，以平衡绳子的拉力，开始做"横向波"。（图7-43）

练习要点：注意保持核心收紧，注意力集中。

图7-43 双人配合单腿—单手横向甩绳

5. 双人弹力带拉

练习目的：发展平衡协调能力。

起始姿势：练习者单脚站立，双手持弹力带，另一人持弹力带另一端。

动作过程：配合者给予拉力干扰，练习者努力保持身体平衡。（图7-44）

练习要点：保持注意力集中，核心收紧，保持身体重心平衡。

图7-44 双人弹力带拉

6. 干扰下单腿支撑

练习目的：发展协调性及平衡能力。

起始姿势：练习者单腿支撑。

动作过程：配合者通过推、拉等动作对练习者进行干扰，练习者在单腿支撑的基础上，做单腿下蹲动作。（图7-45）

练习要点：配合者注意干扰力度，练习者努力保持身体平衡。

图7-45 干扰下单腿支撑

第八章 竞技体操运动员的柔韧训练

导语：竞技体操项目对运动员柔韧性的要求极高。本章将对体操运动员的柔韧需求及具体的柔韧训练方法进行阐述。

第一节 竞技体操运动员的柔韧需求

随着竞技体操比赛竞争激烈程度的加剧，体操运动员需要完成更多更难的动作来争取比赛的胜利。这些高难度的技术动作还需要展示出优雅且柔美的姿态，让观众欣赏到"险与优""力与美"。动作的完美性是衡量动作质量的标准，而动作的幅度取决于运动员各关节的柔韧性。柔韧素质是竞技体操运动员应该具备的最基本素质，它对竞技体操运动员的整体竞技能力有着重要的影响。

柔韧素质是指跨关节的肌肉、肌腱、韧带等软组织的伸展能力及弹力，是运动员在完成竞技体操运动中大幅度运动技能展示的能力保障，通常分为一般柔韧素质与专项柔韧素质。一般柔韧素质是指竞技体操运动员在进行热身活动时，为防止肌肉的黏性太大或关节活动的幅度太小等所采用拉伸大肌肉群的方法，如正肩、反肩等。而专项柔韧素质是指竞技体操项目所必备的高难度柔韧，如"分腿跳"需要腿部柔韧，要求竖叉的分开度要达到180°以上，否则腾空后，两腿开度未到达180°为不合格，相对难度分数会下降。因此，竞技体操运动员不但需要一般柔韧素质，还需要专项柔韧素质。在训练中需要将两类柔韧素质训练结合起来，这样不仅可以帮助竞技体操运动员在专项训练前充分活动热身，防止在练习高难度技术动作时出现运动损伤，并且对后续专项柔韧训练效率的提高有一定作用。

体操运动员最主要的特点是灵巧，而每个运动员的灵巧程度则取决于其柔韧素质。在体操中幅度大的美和姿态的美是需要足够的柔韧素质做保证的。柔韧素质好，扩展幅度和姿态美感就能充分得以展现，动作扣分就少。在体操的评分规则里，扣分标准最多、最严的就是动作的扩展幅度和动作的优美程度。以手倒立这个简单的动作来说，如果没有关节柔韧性整个动作就会不稳定。体操项目中的高难度技术动作大多都需要肢体有较大的角度，并且在成套动作中要求能连续流畅地完成组合动作，如果柔韧素质不够，将需要更大的控制力和爆发力来帮助动作完成，在比赛中就要花费更多的体力，导致后段动作的失误率增加，从而影响比赛成绩。因此，竞技体操运动员需要全身性的柔韧训练去提高竞技能力，从上肢来看，女性竞技体操运动员需要有良好的肩部伸展和绕环的柔韧性去完成动作和舞姿，需要有良好的胸腰柔韧性去完成部分后弯的高难度技巧动作，如前桥和后桥等，特别是平衡木项目。男性竞技体操运动员需要的腰部后弯柔韧性低于女运动员，更多的需要手臂和肩部的柔韧性，单双杠需要有良好的肩部柔韧性。大部分项目都更注重下肢柔韧性的训练，女性运动员不论是跳跃还是控制都需要有良好的下肢柔韧性，大到双腿分开的角度，小到绷脚的弧度是否美观、达到要求。男性的下肢柔韧性要求同样没有女性运动员的要求高，但对于腘绳肌等重要肌群的拉伸仍然较重要，主要还是表现在高难度技术的完成上，如单双杠上的屈身和分腿动作等。

第二节 柔韧训练方法

柔韧素质训练是通过一定的方法和手段，对人体各肌肉群、韧带组织、关节结构的伸展幅度进行的有目的、有规划的练习，使受训者的柔韧素质得到一定的或大幅度的提高。拉伸是提高柔韧性的主要方式，拉伸需要运动员使身体的关节运动到活动范围受阻的地方，在这个受阻的地方施加一定的力以完成拉伸。当前体操运动员柔韧素质训练的手段较多，包括静力性拉伸、动力性拉伸、PNF拉伸、弹振式拉伸。其中静力性拉伸方式仍然是最主要且有效的拉伸方式。

一、静力性拉伸

静力性拉伸是指机体在运动训练时对肌肉进行缓慢的拉伸，将肌肉拉伸至可以忍受的最大长度后，保持这个动作并停留一段时间，可以达到放松肌肉、提高机体柔韧性的效果。在这个过程中，静力性拉伸的拉伸部位主要是机体的某一关节、肌肉、肌腱或韧带。和其他拉伸方法相比，静力性拉伸过程参与的肌肉群或关节较为单一，但是拉伸的效果也具备针对性，可以有效地拉伸运动员想要拉伸的部位，效果较为明显。竞技体操中的吊环项目则常采用静力性拉伸训练。静力性拉伸手段包括主动拉伸和被动拉伸。主动拉伸是指机体使用自身的力量将肌肉拉伸并维持一个姿势一段时间；而被动拉伸是指借助外力使关节或肌肉短时间内固定，两者最大的区别是是否借助外力。体操中常见的被动拉伸通常是两名运动员互相帮助进行拉伸，静态拉伸较为容易掌握，实施过程简单，可以加快机体的恢复，对缓解运动疲劳起促进作用，还可以提高肌肉的弹性和机体的柔韧性。以下是体操训练中常用的静力性主动拉伸和被动拉伸训练。

（一）主动拉伸

1. 颈部拉伸一

练习目的：头向下时拉伸到的主要肌肉为头半棘肌、头夹肌、颈夹肌等。头部向上时拉伸到的主要肌肉为背阔肌、胸锁乳突肌等。

起始姿势：自然站立，双手叉腰。

动作过程：下颌靠近胸腔或抬头，眼看上方。（图8-1）

练习要点：保持身体和核心的稳定，保持对抗力。

图8-1 颈部拉伸一

2. 颈部拉伸二

练习目的：拉伸肩胛骨肌、斜方肌等。

起始姿势：自然站立，放松肩膀，双手置于背后，一手扶头。

动作过程：手用力使耳朵贴向肩膀，保持拉伸感。（图8-2）

练习要点：保持身体和核心稳定，肩部下沉，颈部左右拉伸，不旋动。

图8-2 颈部拉伸二

3. 站姿侧弯拉伸

练习目的：拉伸腹外斜肌、腹内斜肌、腹直肌等。

起始过程：自然站立。

动作过程：一侧手臂下垂，另一侧手直臂上举于耳旁，向一侧拉伸，然后换另一侧练习。（图8-3）

练习要点：保持骨盆稳定，避免腰部旋转或者向前、向后弯，防止损伤。

图8-3　站姿侧弯拉伸

4. 坐姿并腿体前屈

练习目的：拉伸腘绳肌、下背部。

起始姿势：坐在地板上，双腿直腿并拢。

动作过程：身体直立后屈髋向前，双手抱脚，保持拉伸感。（图8-4）

练习要点：双腿保持并拢，膝关节保持压地，身体向前时保持直立，不能耸肩弓背。

图8-4　坐姿并腿体前屈

5. 坐姿分腿体前屈

练习目的：拉伸腘绳肌、内收肌、下背部等。
起始姿势：坐在地板上，双腿伸直，大角度张开。
动作过程：身体前屈向地面俯身，双手向前触地保持拉伸感。（图8-5）
练习要点：双腿分开的角度应相同，防止拉伸不平衡，膝关节保持压地，双手尽可能向前延伸。

图8-5　坐姿分腿体前屈

6. 站姿并腿体前屈

练习目的：拉伸腘绳肌和下背部等。
起始姿势：身体站立，双腿并拢。
动作过程：身体前屈用双手握住脚踝，双手握的顺序可从膝关节、小腿，直到脚踝，用手轻轻拉，尽量使头靠近大腿，以最大限度地拉伸腘绳肌和下背。（图8-6）
练习要点：尽可能坐骨向上延伸，最大限度地拉长大腿后侧；保持重心稳定。

图8-6　站姿并腿体前屈

7. 前弓箭步

练习目的：拉伸大腿内侧、腘绳肌、臀大肌等。

起始姿势：双脚自然站立。

动作过程：一腿屈膝在前，一腿直腿向后蹬地，臀部向下，双手扶于前侧大腿上方。（图8-7）

练习要点：膝盖和脚尖的方向相同，防止膝盖内扣。

图8-7 前弓箭步

8. 骆驼式拉伸

练习目的：拉伸腹直肌、腹内外斜肌。

起始姿势：双膝跪地,与肩同宽。

动作过程：髋部向前推，呈后弯状，双手向后握住双脚。（图8-8）

练习要点：注意是顶髋向前，不要屈髋，不要过度挤压腰部，量力而行。

图8-8 骆驼式拉伸

9. 三角式拉伸

练习目的：拉伸内收肌、腘绳肌、下背部肌群等。

起始姿势：坐在平地上，双腿缓慢伸直打开。

动作过程：身体向前一侧腿的方向倾斜，双手向前延伸，然后换另一侧练习。（图8-9）

练习要点：不要弯曲膝关节，膝盖和脚趾朝向正上方，防止内扣。

图8-9 三角式拉伸

10. 上背拉伸

练习目的：拉伸胸大肌、前锯肌、背阔肌、冈下肌、小圆肌等。

起始姿势：距墙一定距离，双脚与肩同宽站立，双手分开向上扶墙。

动作过程：向地面直背下压，直至身体与地面平行。（图8-10）

练习要点：尽量保持背部平坦，核心保持稳定，防止塌腰，腘绳肌紧张人群可适当屈膝。

图8-10 上背拉伸

11. 仰卧脊柱扭转

练习目的：拉伸臀中肌、臀大肌、腹外斜肌等。

起始姿势：仰卧于地面。

动作过程：屈右膝，左手置于右膝外侧带动右腿向左扭转，骨盆和身体保持稳定，然后换异侧重复练习。（图8-11）

练习要点：身体保持稳定，防止扭转，背部压地。

图8-11　仰卧脊柱扭转

12. 蝴蝶式拉伸

练习目的：拉伸内收肌、下背部肌群等。

起始姿势：坐于地面，屈膝盘腿，脚掌相对，背部平直。

动作过程：轻轻将双手放在膝关节上，将膝关节和臀部向下压靠近地面。（图8-12）

练习要点：下压时臀部不要离开地面。

图8-12　蝴蝶式拉伸

（二）被动拉伸

1. 上身侧屈拉伸

练习目的：拉伸背阔肌、侧腰肌。

起始姿势：被拉伸者坐立于地面上，单腿盘坐，另一条腿直腿分开45°，单手扶于头后，辅助者单膝跪于被拉伸者身后。

动作过程：辅助者单手握住被拉伸者扶在头后的手臂向上提拉，辅助被拉伸者向直腿方向屈曲，保持拉伸感15~30秒，可重复2~3组。（图8-13）

练习要点：始终保持脊柱延展，臀部始终坐于地面上。

图8-13　上身侧屈拉伸

2. 前侧拉伸

练习目的：拉伸胸大肌、胸小肌、肱二头肌。

起始姿势：被拉伸者双腿盘坐，双手向后，辅助者双手握住被拉伸者手腕。

动作过程：辅助者向后上方牵拉被拉伸者手臂，被拉伸者抬头挺胸，保持拉伸感15~30秒。（图8-14）

练习要点：不要过度牵拉被拉伸者双臂，防止受伤。

图8-14　前侧拉伸

3. 臀部拉伸

练习目的：拉伸臀大肌。

起始姿势：被拉伸者仰卧于地面上，双臂自然置于身体两侧，单腿盘于胸前。

动作过程：辅助者压被拉伸者抬起的腿，向下施加力量，保持拉伸感15~30秒。（图8-15）

练习要点：伸直的腿尽量避免离开地面，臀部压实地面。

图8-15 臀部拉伸

4. 腘绳肌拉伸

练习目的：拉伸腘绳肌。

起始姿势：被拉伸者仰卧于地面上，一腿上抬。

动作过程：辅助者压被拉伸者抬起的腿，向下施加压力让被拉伸者的腘绳肌保持拉伸感15~30秒。（图8-16）

练习要点：被拉伸者的腿尽量防止膝关节弯曲，避免伸直的腿离开地面。

图8-16 腘绳肌拉伸

5. 股四头肌拉伸

练习目的：拉伸股四头肌。

起始姿势：被拉伸者俯卧在地面上，将一条腿回勾，辅助者一手压住脚踝，一手托住膝关节。

动作过程：辅助者将被拉伸者大腿抬起，使小腿贴住臀部，保持拉伸感15~30秒。（图8-17）

练习要点：臀部和骨盆始终稳定，骨盆不离开地面。

图8-17　股四头肌拉伸

二、动力性拉伸

动力性拉伸（动态拉伸）是指缓慢、有控制地活动肢体来增加关节活动范围，随着动态活动的重复，动作速度也可增加。动态拉伸可即时提高爆发力水平，显著改善中枢神经对不同肌群收缩活动的协调控制能力，使不同肌群间的运动实现高度协调配合，但是动态拉伸难以有效改善柔韧素质。动力性拉伸方法的主要特征是拉伸动作幅度较大，节奏快速，爆发力强，但动态拉伸时肌肉收缩缓冲时间少，容易引起保护性收缩，用力不当会造成肌肉拉伤，不利于肌肉柔韧性的提高。因此，在进行动力性拉伸时要掌握正确的拉伸方法，科学有效地进行。体操训练中常用的动力性拉伸方法如下。

1. 最伟大拉伸

练习目的：拉伸臀大肌、腘绳肌。

动作过程：自然站立，左腿向前迈出一大步成弓步姿势，右手撑地，左肘在右大腿内侧压向右踝关节。转体，左臂伸直向上方翻转后双手撑地，两腿膝关节伸直将身体推起，前脚脚尖勾起，后脚脚尖着地，停留2秒后还原成弓步，并恢复起始站立位置。两腿交换重复前一次动作。（图8-18）

练习要点：脚尖与膝关节始终保持向前；直膝支撑动作时保持两膝伸直，整个拉伸动作的过程注意保持良好的稳定性。

图8-18 最伟大拉伸

2. 侧弓步拉伸

练习目的：拉伸股四头肌、臀大肌、内收肌等。

动作过程：双脚开立，双手交叉放置于胸前，左腿蹬直，右腿屈髋屈膝做蹲的姿势，躯干向前略倾斜，膝关节不超过脚尖，重心在右腿上，右脚蹬地，左腿下蹲，两侧交替往复。（图8-19）

练习要点：注意保持膝关节的稳定，膝盖不要超过脚尖，同时注意下蹲时不能出现膝关节内扣的现象。

图8-19 侧弓步拉伸

3. 交叉步蹲起练习

练习目的：拉伸股四头肌、臀大肌、小腿三头肌。

动作过程：双脚站立，将右脚向左后方撤一小步，髋关节和脚尖朝正前方，双手交叉相握，手臂伸直置于体前，身体缓慢下蹲，前脚全脚掌着地，后脚脚尖着地，缓慢下蹲后，蹬地还原成站立姿势，换腿练习。（图8-20）

练习要点：下蹲过程中后侧腿膝关节向前侧腿的踝关节靠拢，保持身体的稳定；下蹲过程中速度要适当，缓慢拉伸肌肉，切勿速度过快，导致运动损伤。

图8-20 交叉步蹲起练习

4. 手足爬行走

练习目的：拉伸腘绳肌、腓肠肌。

动作过程：双腿开立与肩同宽，弯腰呈体前屈姿势，双手触地，膝关节保持伸直，两手向前缓慢移动，始终保持躯干稳定，减少晃动，当手向前移动到个人所能承受的最大距离时，停顿2秒，保持双手触地支撑不动，同时双脚缓慢向前移动，回到双手触地的体前屈姿势，重复前面的动作。（图8-21）

练习要点：膝关节始终保持伸直，臀大肌收缩。

图8-21　手足爬行走

5. 弓箭步体侧练习

练习目的：拉伸臀大肌、背阔肌。

动作过程：自然站立，向前跨出一大步，成弓箭步姿势，左手上举贴

近左耳，躯干向右侧弯曲，使背阔肌得到充分的牵拉，另一只手叉腰，换手重复后，两腿交换。（图8-22）

练习要领：保持身体稳定，控制晃动，身体尽量挺直。

图8-22 弓箭步体侧练习

6. 弓箭步转体摸后脚

练习目的：拉伸臀大肌、背阔肌、胸肌。

动作过程：自然站立，左脚向前迈出一大步成弓箭步姿势，右脚跟离地，双臂侧平举，左手向下划弧尽力去摸右脚脚后跟，保持身体平衡稳定，然后恢复站立姿势，之后右脚向前跨出一大步，两腿交替练习。（图8-23）

练习要点：膝关节弯曲呈90°，脚尖保持朝前；保持身体稳定，不要左右晃动。

图8-23 弓箭步转体摸后脚

7. 抱膝提踵

练习目的：拉伸小腿三头肌、臀大肌。

动作过程：自然站立，将右腿抬起，双手抱住右腿的膝关节上抬，使大腿贴向胸部，左脚上抬提踵，停顿1秒后放下，换腿重复之前的动作。（图8-24）

练习要点：支撑腿膝关节保持伸直，抬腿时勾脚尖，躯干始终保持正直，两眼平视前方；做动作的过程中控制好身体平衡，躯干与支撑腿始终保持与地面垂直。

图8-24 抱膝提踵

8. 抱踝提踵

练习目的：拉伸小腿三头肌、臀大肌、臀中肌。

动作过程：自然站立，一手抱住右脚踝关节，一手托右膝，将右腿向内、向上抬起，左脚上抬提踵，停顿1秒后将腿放下，回到初始姿势。换腿重复动作。（图8-25）

练习要点：躯干始终保持正直，两眼平视前方；做动作的过程中控制好身体平衡，躯干与支撑腿始终保持与地面垂直；每次上提至最大幅度。

图8-25 抱踝提踵

9. 燕式平衡

练习目的：拉伸臀大肌、腘绳肌。

动作过程：自然站立，躯干前倾，单腿支撑，另一条腿向后抬起，练习者两眼平视前方；双手展开呈侧平举姿势，支撑腿膝关节伸直，另一条腿与躯干在同一平面内且与地面平行。（图8-26）

练习要领：在练习过程中保持身体稳定，后侧腿平直或高于躯干的同时不要出现转髋的现象。

图8-26 燕式平衡

10. 4字屈髋坐

练习目的：拉伸臀大肌、臀中肌。

动作过程：身体站立，右腿支撑，左脚踝置于右膝关节上部，双手环抱于胸前，屈髋屈膝，形成右腿单腿支撑，保持2秒，交换支撑腿，重复动作。（图8-27）

练习要点：保持身体稳定，在运动过程中始终保持腰背部挺直，支撑腿膝盖不超过脚尖。

图8-27 4字屈髋坐

11. 腰绕环

练习目的：拉伸背阔肌、腹内外斜肌。

动作过程：双手紧扣，在头顶上方伸直，掌心朝外，双手向外侧伸展，慢慢地从右到左完成一个完整的圆，恢复起始姿势，然后向另外一侧旋转。（图8-28）

练习要点：手臂和肩膀需尽可能地拉伸，避免当双臂到达圆的顶端时背部向后靠。

图8-28 腰绕环

12. 髂胫束（交叉）伸展

练习目的：拉伸阔筋膜张肌、髂胫束。

动作过程：身体直立，左脚向右脚右侧迈出一小步，脚掌平放，脚尖都指向前方，躯干向下弯曲，双手紧扣，双臂垂直下落，从身体右侧向左侧划弧至最左侧，然后恢复躯干直立姿态，换腿重复动作。（图8-29）

练习要点：在手臂向下伸展时躯干尽可能地靠近腿；前腿伸直后腿弯曲。

图8-29 髂胫束（交叉）伸展

13. 弓箭步转体

练习目的：拉伸竖脊肌、胸大肌。

动作过程：身体直立，左脚向前跨出一大步后成弓箭步姿势，双臂前平举双手掌心相对，左手保持前举不动，右臂向右平转，至最大幅度后恢复双手前平举姿态，蹬地成起始姿态，然后，换腿重复动作。（图8-30）

练习要点：手臂打开时，躯干仍然保持直立状态；整个过程需保持身体稳定。

图8-30 弓箭步转体

14. 足跟足尖走

练习目的：拉伸小腿三头肌、胫骨前肌。

动作过程：身体直立，右脚向前迈一步，右脚脚跟先着地，支撑点由脚跟滚动至脚尖，然后换腿重复动作。（图8-31）

练习要点：在走动过程中保持身体稳定，由脚跟过渡到脚尖，支撑时重心由低至高。

图8-31 足跟足尖走

15. 单侧屈腿外展

练习目的：拉伸内收肌、长收肌。

动作过程：身体直立，左腿单腿支撑，右腿屈髋屈膝抬起至大腿与地面平行，做外展至最大幅度后自然落下，然后换腿重复动作。（图8-32）

练习要点：外展时身体尽量保持直立，外展腿下落时，身体自然跟随。

图8-32 单侧屈腿外展

16. 单侧屈腿内收

练习目的：拉伸内收肌、长收肌。

动作过程：身体直立，右腿单腿支撑，左腿屈髋屈膝抬起至大腿与地面平行，做内收至最大幅度后自然落下，然后换腿重复动作。（图8-33）

练习要点：内收时身体尽量保持直立，内收腿下落时，身体自然跟随。

图8-33 单侧屈腿内收

17. 单侧直腿屈髋蹲

练习目的：拉伸腘绳肌、股二头肌。

动作过程：身体直立，右腿伸直向前，左腿微屈成蹲的姿势，躯干保持平直，向后屈髋至最大幅度，停顿5秒，然后换腿重复动作。（图8-34）

练习要点：躯干在整个过程中均保持平直；左右腿角度基本保持一致。

图8-34 单侧直腿屈髋蹲

18. 单侧勾腿上提

练习目的： 拉伸股四头肌、髂腰肌。

动作过程： 身体直立，一腿抬起向后，同侧手抓脚踝，使脚跟尽量贴近臀部，另一腿伸直成单侧支撑，向前顶髋的同时提踵，保持1秒后自然放下，然后换腿重复动作。（图8-35）

练习要点： 保持躯干在动作过程中的平衡与稳定；动作需要夹大腿，不能出现髋外展的情况。

图8-35 单侧勾腿上提

三、PNF拉伸

PNF运用被动的肌肉拉伸、压缩和施加阻力等本体感觉方式，刺激神经肌肉的反应，从而促进功能性恢复。在康复领域，为了改善关节活动受限和肌肉损伤等患者的情况，PNF拉伸技术通过各种运动、姿势等，来刺激本体感受器，让最多的肌纤维被激活，促使受损肌肉收缩，同时通过动作的刺激，调整神经兴奋性，使肌肉张力因此改变，从而缓解肌肉痉挛的症状。近年来PNF拉伸被广泛应用于专门的柔韧素质训练以及拉伸放松中，在体操运动中结合传统的拉伸方式，取得了不错的成效，丰富了原有动力性拉伸和静力拉伸在训练方式上的唯一性，并且明显提高了柔韧素质训练效果，为运动员取得优异的竞技成绩提供了基本素质基础，不仅如此，在防止运动损伤方面也有不错的表现，极大地提高了运动员的运动寿命。

PNF拉伸一般分为三个步骤。首先，让被拉伸肌肉被拉伸10秒左右；随后，让被拉伸肌肉做静力对抗6秒左右；最后，让被拉伸肌肉做进一步被动拉伸30秒左右。通过静力性拉伸、主动肌与拮抗肌的交互抑制，使肌肉弹性势能减小。这也表明了此拉伸方式对于实施者的专业性有一定要求，并且和被实施者之间要有一定的配合，所以在日常的体操训练中并不是主要的日常拉伸方法，更多的是结合静力性拉伸和动力性拉伸来使用。以下是三种最为经典的PNF拉伸方式。

1. 静力—放松（以拉伸腘绳肌为例）

练习目的：拉伸腘绳肌。

起始姿势：仰卧于地面上，双腿自然伸直，双臂自然放松置于身体两侧。

动作过程：将一条腿抬起静态拉伸约10秒，然后让腘绳肌做等长收缩约6秒，再次静态拉伸约30秒。（图8-36）

练习要点：注意骨盆的稳定，单腿压住地面，防止膝关节离地。

图8-36　静力—放松（以拉伸腘绳肌为例）

2. 静力—放松—拮抗肌收缩（以腘绳肌为例）

练习目的：拉伸腘绳肌。

起始姿势：仰卧于地面，双腿自然伸直，双臂自然放松置于身体两侧。

动作过程：将一条腿抬起静态拉伸10秒，之后让该腿的腘绳肌做等长收缩约6秒，最后做静态拉伸同时收缩拮抗肌约30秒。（图8-37）

练习要点：注意骨盆的稳定，单腿压住地面，防止膝关节离地。

图8-37 静力—放松—拮抗肌收缩（以腘绳肌为例）

3. 收缩—放松

练习目的：拉伸腘绳肌。

起始姿势：仰卧于地面上，双腿自然伸直，双臂自然放松置于身体两侧。

动作过程：抬起一条腿静态拉伸约10秒钟，然后让腘绳肌做向心收缩约6秒钟，最后再次做静态拉伸，同时收缩拮抗肌约30秒。（图8-38）

练习要点：注意骨盆的稳定，单腿压住地面，防止膝关节离地。

图8-38 收缩—放松

4. 器械拉伸

一般的PNF拉伸都是在帮助下完成，但个人也可以利用该方法的练习程序，依靠支撑物，设置恰当的动作姿势进行练习，仍然以腘绳肌的拉伸为例。

练习目的：拉伸腘绳肌。

起始姿势：采用日常静态拉伸大腿后侧的姿势，将一条腿放于器械上方。

动作过程：先让腿静态拉伸到紧绷的状态，接着做腘绳肌的等张收缩5~6秒，肌肉收缩后放松，后大腿前侧的股四头肌主动收缩，并且上半身挺直并微向前倾，使下肢尽量靠近躯干，持续30秒。（图8-39）

练习要点：注意骨盆稳定，不要翻髋，防止重心的偏移。

图8-39 器械拉伸

以上几种拉伸方式可以交替重复进行，完成3~4组，最后以静态拉伸结束。每次重复后的静态拉伸都比前一次要更深一些，肌肉拉伸的效果更好。但在做PNF拉伸练习的过程中还应注意以下事项：第一，练习前一定要有足够的热身，如进行15分钟左右的有氧练习和对准备拉伸肌肉的静态伸展，再进行PNF拉伸；第二，肌肉在受伤的情况下，最好不要选择PNF拉伸练习。

四、弹振式拉伸

弹振式拉伸可以作为运动前的热身，对于体操专项这类对柔韧性要求较高的项目，不论是比赛还是训练前的热身都比较重要，一些跳跃和踢腿的动作都需要通过弹振式拉伸帮助身体活动。但弹振式拉伸可能会损伤肌肉或结缔组织，尤其是经常不运动的人群或者身体有旧伤的人群，弹振式拉伸容易引发牵张反射，会阻止肌肉的伸长放松，降低拉伸效果，也易引起损伤。例如：坐姿体前屈动作采用弹振式拉伸，练习者上身由垂直位快速伸展到踝部，然后反弹至开始姿势，每次伸展都对身体后链带来较大的压力，不适合大腿后侧或下背部有伤的人群。弹振式拉伸涉及弹跳运动，不涉及保持拉伸时间。因为弹振式拉伸可激活牵张反射，所以许多人推断弹振式拉伸更可能导致肌肉或肌腱损伤，尤其是在最紧绷的肌肉中。但是，这种断言纯属推测，目前没有任何已发布的研究支持弹振式拉伸会导致受伤的结论。

五、主动分离式拉伸

AIS主动分离式拉伸方法主要是通过原动肌主动收缩和中枢神经的交互抑制作用增加拉伸关节的关节活动度。运动员可借助2.5~3米的粗绳进行牵拉。马特斯（Mattes）建议单独将被拉肌肉"主动"拉长到某一点"启动激惹"，保持不超过2秒，然后回到起始位置。通常这一顺序重复8~10次，可在激活交互抑制的同时阻止被牵拉肌肉出现牵张反射，可使被拉肌肉更容易被拉长。在运动后进行AIS拉伸可获得比传统拉伸更大的关节活动度，同时激活大脑和被拉长肌肉记录下新的关节活动度。主动分离式拉伸更注重对某一肌肉神经和肌纤维组织的放松。以下是主动分离式拉伸方法。

1. 腓肠肌拉伸

练习目的：拉伸腓肠肌。

起始姿势：仰卧于地面上，用粗绳绕住左脚前脚掌，抬起左腿与地面成45°。

动作过程：左腿保持起始姿势，右腿前群肌主动收缩做跖屈动作，跖屈到最大幅度时用手牵拉绳子保持1~2秒，回到起始姿势，重复10次换对侧练习。（图8-40）

练习要点：牵拉绳子时呼气，左脚被粗绳被动牵拉时，也要保持左腿小腿前群肌主动收缩。

图8-40 腓肠肌拉伸

2. 比目鱼肌拉伸

练习目的：拉伸比目鱼肌、跟腱。

起始姿势：右腿屈膝坐于地板上。

动作过程：呼气，同时右腿小腿前群肌主动收缩做跖屈动作。到达最大幅度时，用双手抱住右脚做被动牵拉，并保持1~2秒，放松回到起始姿势，重复10次换对侧练习。（图8-41）

练习要点：被动牵拉时呼气，即使在被动牵拉时，小腿前群肌也要保持主动收缩。

图8-41 比目鱼肌拉伸

3. 股二头肌拉伸（屈膝）

练习目的：拉伸左侧屈髋肌群、右侧股二头肌。

起始姿势：仰卧于地板上，右腿伸直，屈左膝尽可能靠近胸部，用粗绳或弹力带绕住左脚。

动作过程：保持大腿收紧姿势，呼气同时主动伸膝。用适宜力度拉绳或弹力带，并出现被牵拉感，保持2秒，回到起始姿势，重复10次换对侧练习。（图8-42）

练习要点：达拉粗绳或弹力带尽可能保持左腿伸直；整个动作中右腿尽可能保持起始姿势，不要出现髋外展现象。

图8-42 股二头肌拉伸（屈膝）

4. 股二头肌拉伸（直膝）

练习目的： 拉伸左侧屈髋肌群、右侧股二头肌。

起始姿势： 双腿直膝仰卧于地板上，用粗绳绕于左脚上。

动作过程： 保持左腿伸直姿态，呼气同时主动抬起左腿，至最大活动范围牵拉保持2秒，放松后回到起始姿势，重复10次后换对侧进行练习。（图8-43）

练习要点： 左腿臀大肌收缩，保持左腿伸直姿势，向头部方向牵拉绳子。

图8-43 股二头肌拉伸（直膝）

5. 屈髋肌群拉伸（跪姿）

练习目的：拉伸后腿髂腰肌、股四头肌。

起始姿势：半跪姿势，双手交叉置于前腿上，后腿可垫平衡垫。

动作过程：躯干前倾，腹肌、臀大肌收紧，保持姿势，呼气同时整个身体进一步前倾，保持2秒，回到起始姿势，重复10次后换对侧进行练习。（图8-44）

练习要点：头部至后腿膝关节保持一条直线，避免身体出现背弓。

图8-44 屈髋肌群拉伸（跪姿）

6. 大腿外展肌群拉伸

练习目的：拉伸阔筋膜张肌。

起始姿势：仰卧于地板上，用粗绳系住右脚外侧，左手（对侧手）握住粗绳另一端，右手打开。

动作过程：呼气同时右腿尽可能主动地内收至最大幅度，被动拉绳保持2秒，回到起始姿势，重复10次后换对侧进行练习。（图8-45）

练习要点：左侧臀大肌收缩，始终保持伸直姿势；保持双脚勾脚尖及躯干正直，双肩贴地。

图8-45　大腿外展肌群拉伸

7. 内收肌群拉伸

练习目的：拉伸耻骨肌、长收肌、短收肌、籽肌。

起始姿势：仰卧于地板上，用粗绳系住右脚内侧，粗绳经右小腿内侧绕向外侧，右手握住粗绳另一端。

动作过程：呼气同时右腿主动外展至最大幅度，被动拉绳保持2秒，回到起始姿势，重复10次后换对侧进行练习。（图8-46）

练习要点：右侧臀大肌收缩，始终保持伸直姿势；保持双脚勾脚尖姿势及躯干正直，双肩贴地。

图8-46 内收肌群拉伸

8. 胸部肌群拉伸

练习目的：拉伸胸大肌、胸小肌。
起始姿势：前后分腿站立，前腿膝关节稍屈，保持躯干正直，双手前平举，掌心向上。
动作过程：保持腹肌、后腿臀大肌收紧，呼气双臂展开向后至最大运动幅度，保持2秒，回到起始姿势，重复5次。（图8-47）
练习要点：保持良好身体姿态（躯干保持正直，腹肌、臀大肌收缩）。

图8-47　胸部肌群拉伸

9. 肩袖肌群拉伸

练习目的：拉伸冈上肌、冈下肌、小圆肌。

起始姿势：侧卧于地板上，身体与地面垂直，下侧手臂伸直，上侧手臂屈肘90°，手掌贴于地面。

动作过程：呼气同时下侧手臂主动向内旋至最大幅度，并用对侧手适度下压，保持2秒，回到起始姿势，重复10次后换对侧进行练习。（图8-48）

练习要点：整个动作过程中，下侧手臂都要主动内旋用力；动作过程中，保持下侧手臂的上臂不得离地，运动幅度循序渐进。

图8-48　肩袖肌群拉伸

10. 肱三头肌拉伸

练习目的：拉伸肱三头肌。

起始姿势：保持身体直立，双手从背部握住粗绳，右手握住上端，左手握住下端。

动作过程：呼气同时右手缓慢主动下压，至最大运动幅度，左手适度下拉，保持2秒，重复10次后换对侧进行练习。（图8-49）

练习要点：整个动作过程中左右臂都要主动收缩下压；保持腹肌收紧及良好的身体姿态。

图8-49　肱三头肌拉伸

11. 上背部及肩袖前部肌群拉伸

练习目的：拉伸上背部及肩袖肌群。

起始姿势：运动员跪坐，臀部贴住足跟，双臂伸直自然放于泡沫轴上。

动作过程：呼气同时臀部向后，胸部向地面贴近，双臂伸直向前推动泡沫轴，至最大运动幅度，保持2秒，回到起始姿势，重复10次。（图8-50）

练习要点：达最大运动幅度时，试着抬起手臂（将手臂在泡沫轴上的重量降到最低），但双手不要离开泡沫轴。

图8-50　上背部及肩袖前部肌群拉伸

总的来说，因竞技体操运动员对柔韧素质较高的要求，无论是哪一种拉伸方式都需要正确且科学进行。另外，要求将单一的拉伸方式组合成复合的拉伸方式，进而更好地帮助运动员提高柔韧素质。单一的拉伸方式不仅在拉伸效果上低于复合的拉伸方式，也会让每日进行柔韧训练的运动员感到枯燥乏味，进而降低对柔韧训练的兴趣和积极性。

第九章 竞技体操运动员的能量系统训练

导语：本章介绍了能量系统的组成和发展能量系统的意义、运动员在运动过程中能量的主要来源与在竞技体操中的应用，以及能量系统的训练方法与训练负荷安排。通过对本章学习，充分认识能量系统的基本概念，运动时的能量消耗特征与主要来源；掌握能量系统训练的基本原理和在竞技体操中的应用，了解发展能量系统的有氧训练和混氧训练方法。

第一节 竞技体操运动员的能量系统需求

一、能量系统的概念

能量系统（energy system）是人体内为活动供应能量的系统，机体能量系统的稳态是由能量摄入和消耗保持平衡的，其中机体从外界摄取的营养物质包括糖（碳水化合物）、脂肪、蛋白质、微量元素、水及维生素等，其中糖、脂肪和蛋白质是机体的主要能源。能量的摄入和消耗达到平衡时，机体处于稳定状态。如摄入过多则会出现脂肪堆积、肥胖等其他疾病。

二、三大供能系统的概述

人体运动时由三种能量系统供能：磷酸原系统、糖酵解系统、有氧氧化系统。磷酸原系统又称ATP-CP系统，是一种能量瞬时供应系统，是利用磷酸肌酸生成ATP，该系统的优势在于机体可以在较短的时间内产生大量的ATP，但持续时间短，例如100米跑、举重等运动。糖酵解系统又称乳酸能系统，是从糖原中获取大量能量，该系统的优势在于供能速度快，不需要氧的参与，但在酵解过程中产生的代谢产物会破坏人体内的酸碱度，产生的乳酸造成机体疲劳，如400米跑。以上两个系统在代谢过程中都不需要氧的参与，所以这两个系统又统称为无氧供能系统。有氧氧化系统是利用葡萄糖、糖原和体内脂肪来产生ATP，该系统的优势在于产能量大、持续供能的时间久、不易疲劳，是人体活动最主要的能量供应系统，如2000米跑、马拉松长跑。

当机体处于静息状态下时，有氧系统产生了大量能量；在中等强度运动中，有氧系统产生大部分能量，但无氧系统也参与其中；在高强度运动中则相反，无氧系统参与供能，有氧系统占比较小。值得注意的是，有氧练习和无氧练习是一个模糊的叫法，两者之间的界限并不明显。原因在于两者不是按照时间来区分的，其本质是根据人体的供能系统所占的比重来区分的，无论强度大小，三种供能系统均参与供能，只是占比有较大差异。

竞技体操是以无氧系统供能为主的力量型运动项目，体操运动员在训练或比赛过程中，中枢神经系统较紧张，热能消耗较多，以ATP-CP和糖酵解供能为主，ATP-CP和肌糖原是主要供能物质。体操运动员在训练和比赛时ATP在酶的催化下迅速分解和释放能量。运动员体内ATP浓度下降时，磷酸肌酸立刻分解供能，用于合成ATP。

体操动作复杂、技巧性高、动作类型多样化，对于体能要求较高，相对应的能量系统发展也必须重视。体操运动主要涉及磷酸原系统和糖酵解系统。对于性别及具体的动作，所涉及的能量供应也是大不相同的。

三、发展能量系统的意义

第一，有利于提高体操运动员的健康水平。健康的身体既是进行系统训练的前提条件和根本保证，也是运动员参加体育训练的必要条件。能量系统训练不仅能够有效地促进人体的新陈代谢，提高机体对外界环境的适应能力，增强人体对疾病的抵抗能力，也能有效提高运动员脏器的功能，改善神经中枢系统机能，进而促进运动员身体健康。第二，有利于提高体操运动员的运动能力。身体功能的提高可以增强人的抗疲劳能力，机体在长时间活动后，必然会产生乳酸从而导致疲劳，使工作能力下降，限制自身运动水平的发挥。经过合理地发展能量系统，使人体内能源物质储备和各器官机能水平增加，进而在运动中更加轻松自如，不易疲劳，提高运动效率。同时，随着抗疲劳能力的提高，恢复能力也会随之增强，随着肺通气量增加、心脏泵血功能增强、肌肉中毛细血管网丰富等机能发展，机体摄氧能力提高，恢复能力加快。第三，有利于提高体操运动员的心理素质。运动可以促进身体内分泌的平衡，释放体内的压力，缓解焦虑和抑郁等不良情绪，提高自信心和自尊心。第四，有利于提高体操运动员的竞技水平。竞技体操是运动强度较大的运动项目，好的能量系统可以使运动员的表现更加出色、更具有竞争力，也可以使运动员更快地适应各种环境及气候等客观条件的变化。

四、能量系统在竞技体操中的应用

男子体操项目主要有自由体操、鞍马、吊环、跳马、双杠、单杠。自由体操为成套动作，以技巧翻腾动作为主，配有力量动作、平衡动作、技巧动作和跳跃旋转动作等，需要在70秒内完成；鞍马是男子竞技体操中的一项纯支撑项目，需要强大的体能；吊环技术动作可分为两大类，一类是摆动性动作，另一类是力量性动作；双杠动作类型复杂、全面、数量多，需要准确完成；单杠是男子竞技体操比赛中最惊险的项目，全部是摆动动作。以上几个项目大多是利用ATP-CP系统和糖酵解供能系统供能。而男子跳马由于全程动作用时较短，需要极强的爆发力，因此只需要磷酸原系统供能。女子体操项目主要有高低杠、平衡木、自由体操、跳马。高低杠是女子竞技体操项目中唯一的高器械项目，其所有动作都是运用摆动技术和身体屈伸完成的，对于运动员各方面的素质都很有高的要求；平衡木是最能体现平衡能力的项目，需要在规定时间内完成跑步、平衡、转体下等动作；女子自由体操是最引人注目的项目之一，也是技巧性较高的一项运动。以上三种项目主要利用ATP-CP系统和糖酵解供能系统供能，而女子跳马同男子跳马相同，都是由磷酸原系统供能。

第二节　训练方法与负荷

一、发展能量系统的练习方法

发展能量系统的练习包括有氧练习法和无氧练习法，本部分主要介绍持续训练法、间歇训练法、循环训练法和高强度间歇训练法（HIIT）。

（一）持续训练法

1. 持续训练法的概念

持续训练法是指负荷强度较低，负荷时间较长，无间断地连续进行练习的训练方法。练习时，平均负荷心率指标应为130~170次/分。持续训练主要用于发展一般耐力素质，并有助于完善负荷强度不高但过程细腻的技术动作，可使机体运动机能在较长时间的负荷刺激下，产生稳定的适应，内脏器官产生适应性的变化；可提高有氧氧化系统供能能力以及该供能状态下有氧运动的强度；可为进一步提高无氧代谢能力及无氧工作强度奠定坚实的基础[1]。

2. 持续训练法的类型

持续训练法又分为三种类型：短时间、中时间和长时间持续训练法。短时间持续训练法每次的练习时间为5~10分钟，平均心率为170次/分左右，供能形式为无氧、有氧氧化系统混合供能；中时间持续训练法每次的练习时间为10~30分钟，平均心率控制为160次/分左右，供能形式以有氧氧化系统为主；长时间持续训练法每次的练习时间在30分钟以上，负荷的强度相对较低，平均心率为150次/分左右，供能形式为有氧氧化系统供能，以上三种训练方法均没有间歇时间。

3. 持续训练法的特点

持续训练法的特点是练习时间长，负荷相对较大，但负荷强度小，一般为运动员个人最大强度的60%~70%。运动员通过持续训练法所获得的训练效应出现较慢，但训练效应一旦出现后比较稳定，不易消退。

4. 持续训练法的应用

短时间持续训练法在竞技体操运动项目中的应用价值十分显著，采用此方法进行训练，可以提高运动员无氧代谢和无氧与有氧混合供能下的工作能力。从理论上看，只要符合短时间持续训练法的应用特点，即"一次练习的负荷时间为5~10分钟"，平均负荷强度控制在心率为170次/分左右，均可视为短时间

---

[1] 田麦久.运动训练学[M].北京：人民体育出版社，2006：144.

持续训练法的练习。在实践中，短时间持续训练法的手段很多，例如2000米、10分钟的匀速折返跑练习。短时间持续训练法的手段安排，除了要求负荷时间和负荷强度满足此方法的特点，练习的组数也可安排2~3组。

中时间持续训练法主要应用于体操运动员体能训练中一般耐力素质的发展，运动员可以通过5000米跑来满足中时间持续训练法的要求，心率负荷为160次/分左右，运动强度相对较低，负荷强度较小，运动速度相对均匀，运动过程不中断，练习动作相对稳定，人体能量消耗较小。

虽然竞技体操是技能主导类项目，但长时间训练法在项目中的应用也不容忽视。长时间持续训练法可以应用于调整期的身体功能恢复、控制体重的训练及缓解乳酸训练。训练时间通常在30分钟以上，心率保持在150次/分左右，可以进行长时间的匀速慢跑、不间断的健身操，也可利用功率自行车、椭圆仪等器械进行练习，从而达到长时间持续训练法的练习要求。长时间持续训练法应以提高运动员的一般耐力为目的。

（二）间歇训练法

1. 间歇训练法的概念

间歇训练法是指对动作结构和负荷强度、间歇时间提出严格的要求，以使机体处于不完全恢复状态下，反复进行练习的训练方法。

2. 间歇训练法的类型

间歇训练法分为高强度间歇训练、强化性间歇训练和发展性间歇训练。高强度间歇训练的负荷时间小于40秒，训练的负荷强度大，每次心率间歇恢复到120次/分左右开始下次训练；强化性间歇训练又分为A型和B型，负荷时间分别为40~90秒、90~180秒，负荷的强度大，每次心率恢复到120次/分左右开始下一次训练，间歇时间充分，间歇的方式为走或慢跑；发展性间歇训练的负荷时间大于5分钟，负荷的强度中等，每次间歇心率恢复到120次/分开始下次训练，间歇时间不充分，间歇的方式为走或慢跑。值得注意的是，无论间歇时间是否充分，在高强度运动结束时都不应立刻停止或坐下休息，避免出现运动性休克。

3. 间歇训练法的特点

间歇训练法中的高强度间歇和强化性间歇训练的特点是练习时间短，负荷强度大，是以糖酵解供能为主的混合代谢供能；发展性间歇训练的练习时间较长，以有氧氧化供能系统为主。间歇训练法有利于糖酵解代谢供能能力或磷酸原与糖酵解混合代谢供能能力、糖酵解有氧氧化混合供能能力、有氧氧化供能能力得以有效发展和提高[1]。在实际运用间歇训练法时，要注意间歇时间、间歇方式、训练强度、训练距离、重复的次（组）数等因素，以提高训练的效果。

4. 间歇训练法的应用

高强度间歇训练法是发展运动员的速度和速度耐力，在练习时要控制好运动负荷。首先做快速俯卧撑，40~60次/分，进行3组训练，每组的间歇时间严格控制在30秒。其次每分钟跳绳160~200次，同样是3组，间歇时间同上。快速团身跳40~50次/分，进行3组，间歇时间控制在40秒。上述运动项目都各做30秒。这种方法能够高强度刺激心率，并有效提升机体的抗乳酸能力，从而让运动员在高强度运动下依然能够保持肌肉运动水平。

强化性间歇训练法是发展运动员糖酵解和有氧氧化混合代谢系统供能能力，让运动员在该供能水平下依然可以维持较强的速度和力量耐力，并让技术动作更加稳定。该负荷下又分为A型和B型，训练内容分别对应400米和800米跑，负荷的时间控制在40~90秒和90~180秒，每组的间歇时间为1分钟，进行3组练习。在应用这种训练方法时，一定要注意运动员的个体差异，从而更好地提升训练效果。

发展性间歇训练法可以锻炼运动员的有氧氧化系统，练习时间相对较长，但负荷相对较低，以1500米为例，单次负荷时间大于5分钟，每组间隔时间2分钟，当心率下降到120次/分之后即可开始下一轮的训练。每次的练习动作可以多元，也可以一种，通过这种训练方法能使运动员获得高强度的运动能力。

---

[1] 田麦久. 运动训练学 [M]. 北京：人民体育出版社，2000：158.

（三）循环训练法

1. 循环训练法的概念

循环训练法是指根据训练的具体任务将练习手段设置为若干个练习站，运动员按照既定顺序依次完成每站练习任务的训练方法。

2. 循环训练法的类型

循环训练法分为循环重复训练、循环间歇重复训练和循环持续重复训练。循环重复训练法的负荷强度最大，练习过程的间歇较充分，练习的身体素质主要为速度和爆发力，供能形式以磷酸原供能系统为主；循环间歇重复训练法的负荷强度次之，练习过程的间歇时间不充分，练习的身体素质主要为速度耐力和力量耐力，供能形式以糖酵解供能系统为主；循环持续重复训练法的负荷强度最小，练习过程中基本没有间歇时间，主要锻炼运动员的耐力素质，供能形式以有氧氧化系统为主。

3. 循环训练法的特点

循环训练法能全面地影响身体各个器官，提高身体素质，增长肌肉力量和耐力，还可消除枯燥感。肌肉的局部负担不重，不易疲劳，能调动训练者的积极性，激发训练的兴趣。可根据各人的体质和训练水平逐渐增加运动量。开始时先练一个循环，过2~3周再增加一个循环，逐渐增加到3~4个循环，但最多不得超过5个循环。这种练习法的特点首先是可以消除运动员因单一练习内容而产生的枯燥情绪，激发运动员的练习兴趣；其次，循环训练法的运动负荷和练习密度较大，更具有针对性，可提高有氧工作强度及有氧氧化供能状态下的力量耐力。

4. 循环训练法的应用

循环训练法可根据锻炼的目的设置多个练习内容，按合理的顺序不间断地进行练习。例如坐姿推胸—原地跳绳—仰卧卷腹—原地高抬腿—坐姿下拉—原地纵跳。首先是锻炼胸大肌的推胸动作；接下来是下肢力量和全身协调性的跳绳练习；然后是腹部核心区的卷腹练习；下面是腿部爆发力的高抬腿练习；之后是背部背阔肌的下拉练习；最后是练习全身协调性和大腿肌肉力量的纵跳练习。每个训练动作可以根据训练目的不同来调整训练的强度，一个动作50%的强度做10~12次，每个动作间歇30秒，一组结束后适量补充水分，休息3~5分钟后继续下一组的练习。要注意练习强度的把控，根据动作结构由易到难、由简到繁的原则，先预热身体，逐渐增加练习负荷和强度，以免造成关节、肌肉的损伤。

（四）高强度间歇训练法（HIIT）

1. 高强度间歇训练法的概念

高强度间歇性训练，是一种让运动员在短时间内进行全力、快速、爆发式锻炼的一种训练方法。

2. 高强度间歇训练法的类型

高强度间歇训练法可根据不同的运动类型进行分类，包括有氧运动中的跑步、自行车和无氧运动中的重量训练、爆发力训练等；根据训练的强度和持续的时间进行分类，可分为低、中、高三种类型，分别对应初学者、有一定基础和专业运动员三种人群。不同类型的训练具有不同的特点和适应人群，有氧适用于提高心肺功能和耐力，无氧适用于增强肌肉力量和代谢率。此外，低强度训练适用于提高身体的代谢和消耗脂肪，高强度训练则适用于提高肌肉的力量和耐力。

3. 高强度间歇训练法的特点

高强度间歇训练法是在短期内让心率提高并且燃烧更多热量，使得身体对氧气的需求增加，并制造缺氧状态，使运动员的身体在恢复期间需要更多氧气。用来练习心肺功能、冲击速度，可以加快运动员的代谢速率。在做完一整套HIIT锻炼后运动员的代谢率可以在48小时内获得提升，即使停止运动，也依然在燃烧脂肪。通俗一点来理解，所谓高强间歇运动就是在高强度运动之间穿插低强度运动或者稍作休息，是一种有氧和无氧运动相结合的锻炼方式。

4. 高强度间歇训练法的应用

在练习之前先做好热身活动，防止发生运动损伤。在此列举一些高强度训练法的动作，每个动作30秒，间歇10秒，每组间歇30秒。热身动作：前后摆腿

（左右腿各30秒）、站立对侧屈肘抬膝、深蹲前踢腿、左右跳、开合跳。

前后踮脚深蹲、高抬腿原地跑、Burpees、开合跳动作各10秒，动作间不休息，做完整组后休息20秒，循环6次，可根据自身的体力适当调整，最长不超过60秒。

二、发展能量系统的训练项目

（一）有氧类项目

有氧运动又称耐力活动，是指主要以有氧氧化提供运动中所需能量的运动方式，运动负荷与耗氧量呈线性关系。有氧运动可以全面提高人体机能，通过多种体育活动促进心血管和呼吸系统机能的提高。体操运动员在进行有氧训练时要遵循区别对待原则、循序渐进原则、不间断原则，做好恢复和整理活动。对待不同项目要采用不同的有氧训练方法；循序渐进地增加负荷量，不要过度训练；训练期间要持续不间断才能达到预期的效果；在训练结束后要进行放松活动，恢复整理。以下列举几种常见的有氧训练方法。

1. 慢跑

跑步是人们最熟知和普及的运动方式，因为跑步对客观条件的要求较少，也使其成为最受人们欢迎的运动项目之一。跑步虽然动作简单，但如果姿势不正确，不仅达不到理想的健身效果，还有可能对膝关节、踝关节和腿部肌肉等造成损伤。

练习目的：主要发展运动员的心肺功能，提高耐力素质。

起始姿势：跑步前做好充足的热身准备。起跑时，抬头挺胸，目视前方，身体微向前倾，上半身保持挺直。

动作过程：跑步时头、颈和躯干保持一条直线，腿部动作应该放松，一条腿后蹬时，另一条腿屈膝前摆，小腿自然放松，依靠大腿的前摆动作，带动髋部向前上方摆动。脚跟先着地，然后迅速过渡到前脚掌着地。不能以前脚掌着地的方式跑步，长此以往易引发胫骨骨膜炎。跑步时自然摆臂同样重要，正确的摆臂姿势可以起到维持身体平衡、协调步频的作用，摆臂时肩部要放松，两臂各弯曲约成90°，两手半握拳，自然摆动，前摆时稍向内，后摆时稍向外。

练习要点：跑步时，身体重心移动平稳，动作轻松自然；呼吸要深长、缓慢而有节奏,可两步一呼、两步一吸,亦可三步一呼、三步一吸,宜用腹部深呼吸,吸气时鼓腹,呼气时收腹;慢跑时步伐要轻快,双臂自然摆动。

2. 功率自行车

功率自行车又称"健身车",分为直立式、背靠式(也称为卧式)两种,可以调整运动时的强度(功率),起到健身的效果(图9-1)。主要是通过较长时间、适当强度的运动来促进心血管运动,加快新陈代谢,增强心脏和肺部功能,从而改善体质。功率自行车的运动量较大,应循序渐进地练习,逐步增加运动量,并在练习时保持正确的身体姿势,避免大腿和髋关节处于屈曲状态,使关节软骨和关节囊受到过度挤压,造成关节软组织损伤等运动损伤。

图9-1 功率自行车

练习目的: 促进心血管运动,提高心肺功能,发展一般耐力和平衡能力。
起始姿势: ①调节座椅的高度——原地站立,抬起一侧腿屈膝90°,抬起高度即座椅的初始高度,太高或者太低都容易造成膝关节前侧疼痛(图9-2)。②调节座椅的前后距离——坐上座椅后,将两只踏板骑至相同高度,膝盖和踏板的连接线与地面垂直(图9-3)。③调节车把的高度——车把应尽量与车座平齐,过低导致重心前移,压力集中在手、肩部,长时间容易造成手麻、手痛（图9-4）。④脚的位置——前脚掌踩在踏板的中轴，调整鞋套的位置并拉紧保护带（图9-5）。

图9-2　调节座椅高度

图9-3　调节座椅的前后距离

图9-4　调节车把的高度

图9-5　脚的位置

动作过程：骑行过程中，保持前脚掌踩在踏板上，将重心前移，加强臀部肌肉、腿部肌肉的练习。

练习要点：练习时保持正确的身体姿势进行有节奏的蹬转，要注意呼吸与动作相协调；可以按照功率自行车自身设置进行有氧强度练习或心血管强度练习，准备活动10分钟，骑行30分钟以上，再生与恢复10分钟；根据自身情况调节运动强度，利用回归公式计算心率208-（0.7×年龄），或利用卡氏公式"目标心率=（最大心率-静息心率）×强度系数+静息心率"得到目标心率。

3. 跳绳

跳绳，是一人或多人在一根环摆的绳中做各种跳跃动作的运动。以一人单摇为例，是运动员通过双手摇动跳绳，在起跳一次后，让跳绳从自己头顶上方划过，并完整地绕自己身体一周（即360°），从而实现一次完整的跳跃动作。这种方法在跳绳比赛中被广泛采用，因为它能够有效地减少参赛者触碰跳绳的次数。在练习时要充分了解正确的动作姿势，避免因错误动作导致肌肉、关节和韧带损伤等。

练习目的：能有效促进心肺功能的发展，提高机体有氧氧化的能力；提升灵敏性平衡能力、协调性和柔韧性。

起始姿势：双脚平行，与肩同宽。两手分别握住绳的两端把手，以两脚或一脚踩在绳中间，两臂弯曲，前臂平行于地面，绳子拉直即合适的长度。

动作过程：由静止的站立姿势开始。当绳摇过头顶接触地面的一瞬间，原地向上起跳，绳从脚下穿过后轻巧落地，连续数次。

练习要点：目视前方，用前脚掌起跳落地，呼吸要自然、均匀、有节奏。

（二）混氧类项目

混氧训练法是一种以有氧代谢和无氧代谢组合供能为主的运动形式。对体操运动员来说，通过混氧训练可以提高训练强度，比单纯进行有氧训练或者单纯进行无氧训练效果更好。建议进行混氧训练时心率控制在160~170次/分。

1. 50米间歇跑

间歇跑是由跑和休息交替进行的训练，跑时的强度或速度通常比连续跑要大、要快。休息时多进行较轻松的活动（走或慢跑），避免完全停下来。练习时要保持正确的身体姿势，错误动作可能导致踝关节、膝关节及腿部肌肉损伤。

练习目的：提高运动员的下肢速度及速度耐力。

起始姿势：采用高姿站立式起跑，两脚前后距离约一脚，重心在前脚，两腿微屈，上体前倾。

动作过程：取两个标志物设置50米场地，运动员听到口令后完成50米快速跑，然后原地休息。第30秒，听第二次口令，运动员快速跑回原点休息。第60秒发出第三次口令，运动员完成50米快速跑，以此类推反复练习，10次一组，累计距离500米。组与组之间的间歇时间应该进行慢跑，而不应站立或蹲下、坐下休息。（图9-6）

练习要点：间歇跑训练法是指对动作结构、负荷强度及间歇时间提出严格的要求，以使机体在处于不完全恢复状态下，反复进行练习的训练方法之一。在开始间歇跑之前，需要进行适当的热身运动，如慢跑、伸展操等，以减少受伤的风险。运动员的心率维持在最大心率的90%~95%，每次安排2~5组。每组练习结束后等心率降低至正常状态再开始下一次训练。组与组的间隔时间为5~10分钟。短距离间歇跑主要是为了提高运动员的速度及速度耐力，即长时间维持一个较高的速度。

图9-6　起跑姿态

2. 400米跑道变速跑

400米跑道变速跑可以提高有氧代谢能力。在练习时要保持正确的身体姿势，错误动作可能导致踝关节、膝关节及腿部肌肉损伤。

练习目的：400米变速跑是一项全身性运动，对下肢力量、蹬伸能力有显著的提高，在强调肌肉收缩速度的同时，对上下肢不同肌群的协调配合也发挥着促进作用。

起始姿势：采用高姿站立式起跑，两脚前后距离约一脚，重心在前脚，两腿微屈，上体前倾。

动作过程：在直线全力跑，进入弯道后放松休息，到直道后再次全力加速，如此反复，累计完成10次直线冲刺跑。

练习要点：保持正确的身体姿势，头、肩保持稳定，目视前方，身体挺直稍向前倾，前后摆臂自然，良好的身体姿势可以减少疲劳和能量的浪费，从而为提高速度打下基础。中距离间歇跑，距离为500~2000米，心率维持最大心率的80%~90%，速度强度维持平时慢跑速度的90%~110%，重复次数3~5次，组数为3~5组。

3. 功率自行车变速

在有氧训练的基础上变换练习的频率和负荷，从而达到混氧供能的状态。练习时保持正确的身体姿势，避免大腿和髋关节处于屈曲状态，使关节软骨和关节囊受到过度挤压，造成关节软组织损伤等。

练习目的：对大腿、小腿、腹背部及心肺功能均有很好的锻炼，可以有效提高运动员的耐力水平和肌肉力量。

起始姿势：应保持正确的姿势，身体直立，双手握住把手，两脚放在踏板上。膝关节微微弯曲，以保证踩踏时能够充分发力。保持正视前方，确保安全。

动作过程：练习时要充分做好热身活动。热身后，做2~3组1分钟的高频率踩踏，每组维持1分钟，让身体更好地活跃起来。下一阶段利用5分钟做无氧运动，强调全力输出，身体内大量储备的糖原迅速消耗。接着做10分钟放松练习，让心率平缓下来，身体从力竭状态得以恢复，最后做20分钟中等强度的输出，此阶段要注意心率的表现，让心率尽量维持最大心率的80%~85%，在此范围内尽可能保持功率不变，完成20分钟的踩踏训练。

练习要点：练习时应保持正确的身体姿势，时刻注意身体状态，避免发生意外情况。

第十章 竞技体操运动员的恢复与再生训练

导语：恢复与再生训练是身体运动功能训练中一个非常重要的组成部分。本章将简单介绍恢复与再生训练的释义和几种常用的方法，以期帮助竞技体操运动员提高恢复的速度和质量，提升训练效果或在比赛中达到最佳竞技状态。

第一节 恢复与再生的释义

一、恢复与再生的释义

恢复指人体在运动过程中和运动结束后，各种生理机能和能源物质逐渐恢复到运动前水平的变化过程。恢复可以帮助运动员消除训练和比赛带来的生理疲劳和心理疲劳。运动负荷的强度、时间与机体代谢水平决定机体重新建立稳态的能力，而这一能力在运动过程中是动态变化的。

人体能源物质的恢复依据其恢复的时间和量可分为运动中恢复、运动后恢复和超量恢复三个阶段。第一阶段，运动时机体表现为能源消耗大于合成，体内能源物质逐渐减少，各器官系统的机能逐渐下降；第二阶段，运动停止后消耗过程减少，恢复过程占优势，能源物质和各器官系统的机能逐渐恢复到原来水平；第三阶段为超量恢复，在运动中消耗的能源物质在运动后一段时间不仅恢复到原来水平，甚至超过原来水平，这种现象称为"超量恢复"，超量恢复保持一段时间后又回到原来水平[1]。

再生训练是指通过有计划地训练，对肌肉、筋膜进行激活、梳理，通过促进血液循环和肌纤维超微结构损伤的修复，促进神经肌肉系统疲劳后的恢复，

---

[1] 邓树勋，等.运动生理学[M].北京：高等教育出版社，2015.

以及结合跨项目的方法与手段，提高人体系统的工作能力，促使机体的疲劳和恢复趋于动态平衡。它在预防伤病、延长运动寿命和提高机体运动能力方面效果显著[1]。

二、恢复与再生训练的重要性

竞技体操属技能类项目，技术的完美是其表现形式和追求目标。体操动作种类繁多，技术复杂，大都在特定器械上完成，具有一定危险性且需要不断地加难创新。动作的高难度、创新性和稳定性要求运动员必须具备良好的身体素质和稳定的心理素质。竞技体操以展现高难、准确、完美为目标，对运动员神经支配控制自己身体肌肉发力的能力，身体的灵敏性、协调性，身体的空间感及核心力量的要求特别高，在训练和比赛时要求运动员注意力高度集中，神经系统始终处于高度紧张状态。如果运动员长时间处于这种高强度的紧张状态而得不到有效地放松，中枢神经系统会产生保护性抑制（巴甫洛夫学派认为，大脑皮质在高强度或长时间工作过程中处于一种高度持续兴奋状态，致使大脑细胞工作能力下降，为了防止脑细胞进一步耗损，大脑皮质由兴奋状态转为抑制状态，这种抑制即保护性抑制[2]），从而引起运动性疲劳。神经系统疲劳会使运动员注意力不集中、做动作犹豫分心，对于竞技体操运动员来说，不仅会导致动作失误，出现运动损伤，甚至可能造成不可逆的伤害。竞技体操比赛主要是无氧代谢供能，在无氧条件下肌糖原酵解释放能量合成ATP，并产生导致运动疲劳的物质——乳酸。当乳酸在体内聚积过多，超过了机体缓冲及耐受能力时，会破坏机体内环境酸碱度的稳态，进而又会限制糖的无氧酵解，直接影响ATP的再合成，从而导致机体疲劳。肌肉紧张僵硬、肌力下降会使运动员无法完成既定的技术动作，导致代偿动作和能量泄露，可能会造成关节劳损和运动损伤。因此，竞技体操运动员及教练员团队必须重视恢复与再生训练，帮助运动员尽快消除生理和心理上的疲劳，预防和减少运动损伤，提高机体恢复的速度和质量，促使运动员出现超量恢复进而达到最佳竞技状态。同时，教练员要处理好训练与恢复的关系，每次训练、每个训练日、每个训练周期都应合理安排恢复再生训练的比例。训练与恢复相互联系、密不可分。运动员承担训练负荷是竞技能力增长的必要前提，而竞技能力的提升最终实现于训练负荷停止

---

[1] 魏婷婷.身体功能训练中再生训练的应用[D].北京：北京体育大学，2013.
[1] 邓树勋,等.运动生理学[M].北京：高等教育出版社.2015.

后的恢复过程中，训练效果的显现是在恢复之后。训练监控也很重要，要在恰当的时机安排恢复与再生训练，避免出现过度训练而恢复不足，或没达到预定的训练量就安排恢复的情况。

第二节 恢复与再生训练方法

恢复与再生训练的方法多种多样，包括肌肉筋膜的梳理放松、身体拉伸活动、水疗法和一些非常规手段，在实际操作中应视具体情况确定再生训练的时间和顺序。本节重点介绍肌肉筋膜的梳理放松。

一、肌肉筋膜的梳理放松

肌筋膜梳理是一种通过对筋膜、肌腱和韧带等软组织进行干预，减轻因肌肉紧张引起的不适感和疼痛感的治疗方法。最初应用于运动康复领域，随后美国EXOS团队把肌筋膜梳理作为其体能训练的一部分，用于运动员训练与比赛后的放松与恢复，研究发现通过肌筋膜梳理可以有效放松紧张肌群、缓解疲劳、改善关节活动度、提升肌肉力量。

运动员在比赛时最容易出现紧张状态，由于体内激素的分泌和神经的调控，肌肉内部结构发生变化，筋膜和肌纤维及肌纤维间黏在一起，使肌肉弹性降低。肌肉在紧张状态下会抑制周围血液和淋巴液的流动性，血液和淋巴液流动变缓，氧和营养物质的运输速度和使用率降低，从而对肌肉的收缩和伸展产生不利影响。

梳理和放松肌肉筋膜能增强基质的流动性，修复粘连的肌纤维，对梳理后的筋膜进行缓慢地拉伸，可以有效地消除胶原蛋白网中形成的限制性连接，起到舒缓放松效果。肌筋膜有很高的渗透性，对身体任何地方的筋膜进行梳理和放松，都会刺激全身的筋膜网络。

梳理和放松肌肉筋膜还可提高肌纤维内部氧和营养物质的运输速度和吸收效率，降低肌筋膜系统中因粘连而导致的不良影响，并且能够降低肌肉中代谢废物对神经末梢的刺激，缓解疼痛感。因此，肌筋膜的梳理和放松是一种全身性的放松行为，对减轻运动疲劳和减少运动损伤都有积极的效果[1]。

---

[1] 王钊.我国乒乓球运动员再生训练的教学课件研制[D].北京：首都体育学院，2014.

（一）泡沫轴再生训练的原理与方法

1. 泡沫轴再生训练的原理

泡沫轴是由密度较大的塑料材料制成的圆柱体器械，质量轻，硬度和耐性较好，弹性适中。使用泡沫轴可以刺激神经末梢，促进血液循环，加速代谢废物排出，从而减轻肌肉僵硬和疼痛，帮助肌肉放松。因此它是许多体能训练专家再生训练的首选练习手段。

在实践过程中，很多运动员在利用泡沫轴进行再生练习的前几周都会出现疼痛反应。但是坚持数周后，随着疼痛症状逐渐消失，肌肉素质会不断提高。

2. 泡沫轴再生训练的方法

（1）放松小腿三头肌

练习目的： 放松腓肠肌及比目鱼肌。

起始姿势： 坐在地板上，双手撑地，左腿小腿下1/3处搭在泡沫轴上，右腿搭在左腿上，双腿伸直。

动作过程： 提臀离地，双手支撑全身重量，在跟腱至膝关节间前后滚动，重复30~60秒，换对侧练习。（图10-1）

练习要点： 尽量把全身重量压在泡沫轴上，保持30~60秒。

图10-1 放松小腿三头肌

（2）放松腓骨外侧肌群

练习目的： 放松腓骨长肌、腓骨短肌。

起始姿势： 侧躺于地板上，屈膝90°。泡沫轴置于腓骨外侧下，用肘支撑全身重量。

动作过程： 在踝关节至膝关节外侧间滚动泡沫轴，持续30~60秒，换对侧练习。（图10-2）

练习要点： 尽量把全身重量压在泡沫轴上，保持30~60秒。

图10-2 放松腓骨外侧肌群

（3）放松小腿前群肌

练习目的： 放松胫骨前肌、拇长伸肌、趾长伸肌。

起始姿势： 形成四点支撑姿势，泡沫轴置于小腿下（上1/3处），背部伸直。

动作过程： 小腿向胸部收紧，泡沫轴在踝关节与膝关节间滚动，持续30~60秒，换对侧练习。（图10-3）

练习要点： 整个动作过程中保持背部平直，腹部收紧；尽量把全身重量压在泡沫轴上，保持30~60秒。

图10-3 放松小腿前群肌

（4）放松大腿后群肌

练习目的：放松股二头肌、半腱肌、半膜肌。

起始姿势：坐在地板上，将泡沫轴置于左腿膝关节下方，右腿置于左腿上。

动作过程：双手撑地，在臀部至膝关节间滚动泡沫轴，持续30~60秒，换对侧练习。（图10-4）

练习要点：如果疼痛反应剧烈，可把双腿放于泡沫轴上，并在疼痛处持续按压30~60秒。

图10-4　放松大腿后群肌

（5）放松大腿前群肌

练习目的：放松股直肌、股中肌。

起始姿势：俯卧于地板上，左腿置于泡沫轴上（膝关节上方），右腿叠放于左腿上。

动作过程：在髋关节至膝关节间来回滚动，持续30~60秒，换对侧练习。（图10-5）

练习要点：可通过向外侧和内侧碾压大腿增加按压效果，在酸痛点处持续按压30~60秒。

图10-5　放松大腿前群肌

(6) 放松大腿内侧肌群

练习目的: 放松股四头肌。

起始姿势: 俯卧于地板上,左腿外展分开,泡沫轴置于左腿膝部内侧上方。

动作过程: 缓慢屈膝、伸膝,重复10次并找到疼痛点,换对侧练习。(图10-6)

练习要点: 在疼痛点上保持30~60秒。

图10-6 放松大腿内侧肌群

(7) 放松大腿内收肌群

练习目的: 放松长收肌、短收肌、大收肌等。

起始姿势: 俯卧于地板上,左腿外展并屈膝90°,泡沫轴置于大腿下方(上1/3处)。

动作过程: 在骨盆至膝关节间滚动泡沫轴,持续30~60秒,换对侧练习。(图10-7)

练习要点: 在酸痛点上持续按压30~60秒。

图10-7 放松大腿内收肌群

第十章 竞技体操运动员的恢复与再生训练

（8）放松阔筋膜张肌

练习目的：放松阔筋膜张肌。

起始姿势：俯卧于地板上，泡沫轴置于髋关节下方。

动作过程：身体缓慢向外转45°，在骨盆至大腿上部间滚动，持续30~60秒，换对侧练习。（图10-8）

练习要点：发现酸痛点，持续30~60秒。

图10-8　放松阔筋膜张肌

（9）放松腰部肌群

练习目的：放松腰方肌。

起始姿势：仰卧于地板上，泡沫轴置于胸廓以下的腰部，身体与地面成45°。

动作过程：在胸廓后下至骨盆上缘间来回滚动，持续30~60秒，换对侧练习。（图10-9）

练习要点：发现疼痛点，并保持30~60秒。

图10-9　放松腰部肌群

（10）放松背部肌群

练习目的：放松竖脊肌、多裂肌等。

起始姿势：仰卧于地板上，将泡沫轴置于背部，双手置于头后。

动作过程：在胸廓下部至肩胛骨上部间来回滚动，持续30~60秒。（图10-10）

练习要点：找到酸痛点，持续按压30~60秒。

图10-10　放松背部肌群

（11）放松背阔肌

练习目的：放松背阔肌。

起始姿势：侧卧于地板上，身体与地面垂直，泡沫轴置于一侧胸廓下方。

动作过程：在腋下至胸廓下方间来回滚动，持续30~60秒，换对侧练习。（图10-11）

练习要点：找到酸痛点并持续按压30~60秒。

图10-11　放松背阔肌

（二）扳机点再生训练的原理与方法

1. 扳机点再生训练的原理

扳机点定义于1993年首先提出，研究者认为：扳机点是高度敏感的可通过触诊发现的被扭曲的肌肉组织结节。扳机点对挤压力十分敏感，所以我们可通过挤压触诊的方法来确定扳机点，出现痛点时，说明该点可能有筋膜的粘连或结节，可能是扳机点，应适当增加用力幅度，对扳机点及其周围的筋膜软组织进行细致的揉按。揉按过程中注意不要突然加压，以免损伤肌肉，同时注意保持呼吸节奏，不要憋气，疼痛时可通过深呼吸进行调节。

本部分主要讲解运用按摩球进行自我放松的方法，实践中也可用棒球等硬球类作为扳机点放松器械。

2. 扳机点再生训练的方法

（1）放松足底肌筋膜

练习目的： 放松足底肌筋膜。

起始姿势： 脱鞋，站立，将网球置于足弓下方。

动作过程： 沿足内侧及外侧纵弓方向前后滚动按压50次，在酸痛点上持续按压30~90秒。（图10-12）

练习要点： 足底酸痛感越强烈，对足底肌筋膜松解效果越好；前后滚动时可调整按压角度，使按压面积覆盖整个足底；遇到酸痛点时，可持续按压直到酸痛感有所缓解。

图10-12 放松足底肌筋膜

（2）放松胸大肌

练习目的： 放松胸大肌。

起始姿势： 俯卧于地板上，将网球置于锁骨肩峰端下方。

动作过程： 调整网球位置，直到找到酸痛点。在酸痛点上持续按压60~90秒，或保持姿势，手臂做外展姿势，直至酸痛感有所缓解。（图10-13）

练习要点： 尽量把所有身体重量压在网球上。酸痛感越强烈，对肌筋膜松解效果越好。

图10-13　放松胸大肌

（3）放松髂胫束

练习目的： 放松髂胫束。

起始姿势： 侧卧于地板上，将网球置于大腿外侧下方（股骨大转子下）。

动作过程： 调整网球位置，找到酸痛点，持续按压60~90秒，或自起始位置向膝关节方向来回滚动网球。（图10-14）

练习要点： 尽量把所有身体重量压在网球上；酸痛感越强烈，对肌筋膜松解效果越好。

图10-14　放松髂胫束

（4）放松缝匠肌

练习目的：放松缝匠肌。

起始姿势：俯卧于地板上，大腿外展90°，屈膝90°，将网球置于膝关节内侧下方。

动作过程：调整网球位置，直到发现酸痛点，保持60~90秒。（图10-15）

练习要点：尽量把所有身体重量压在网球上；酸痛感越强烈，对肌筋膜松解效果越好。

图10-15 放松缝匠肌

（5）放松梨状肌

练习目的：放松梨状肌及髋部外旋肌群。

起始姿势：坐于地板上，将网球置于臀大肌中部下方（骶髂关节与大转子中点）。

动作过程：调整网球位置，找到酸痛点，持续按压60~90秒。（图10-16）

练习要点：尽量把所有身体重量压在网球上；酸痛感越强烈，对肌筋膜松解效果越好；如果在练习中按压一侧大腿出现麻木症状，应及时终止此练习。

图10-16　放松梨状肌

二、水疗放松的原理与方法

（一）水疗放松的原理

水疗放松法在竞技体操训练中广泛应用。水疗是指利用水的不同温度、压力和溶于其内部的化学物质及专业设备，以不同方式作用于人体，起到防病、治病作用的一种方法。水疗不仅利用了水的物理特性，如热传导效应、机械效应（浮力、压力、水流冲击等），还利用了水中可溶解多种物质的化学特性，通过对人体内部或外部加以作用，达到预防、治疗以及康复的目的[1]。

因此，水疗法是通过对机体的温度刺激、机械刺激和化学刺激对各器官系统产生影响，达到放松治疗的目的。水疗法可加速人体体内血液和淋巴的循环，加速能量物质的合成、消除肿胀，也可提高机体的排汗率，使运动员更容易将体内的代谢废物排出体外，从而达到消除疲劳的目的。水疗法可采用上肢浸泡、下肢浸泡和颈部以下浸泡的方式，需充分考虑温度、时间、部位及作用时间的影响。

（二）水疗放松的方法

目前常用的水疗放松方式有：冷水浴、热水浴、冷热交替浴。

---

[1]尹军，等.身体运动功能训练[M].北京：高等教育出版社，2015.

1. 冷水浴

冷水浴一般是人体在5℃~20℃的水中进行局部浸泡，通过低温刺激，引起神经肌肉的生理学改变，它可以促使血管收缩，造成血液循环减慢，主要用于患处的消肿止痛、消炎及退热等。由于方法可行性高且温度易控制，因而得到广泛应用。温度一般为5℃或10℃~15℃，时间一般为3~20分钟。

2. 热水浴

热水浴是较传统的恢复方法，温度一般为36℃~45℃，时间为10~24分钟。研究表明热水浴能够提高组织温度，使外周血管扩张，加快血液循环，加速代谢产物清除，松解肌肉，促进运动性疲劳的恢复。

3. 冷热交替浴

冷热交替浴大多是1分钟冷水与1~2分钟热水交替循环，浸泡顺序可以先冷水后热水也可以先热水后冷水，累计交换3~7次。当我们在冷水和热水中进行交替沐浴时，血管会一会儿伸展一会儿收缩，从而增加了血管的弹性，使得血流量增加，同时还有效地增加了人体的承受能力，起到有效改善肌肉疲劳和恢复体力的作用。

根据竞技体操无氧代谢供能产生大量乳酸的特点，热水浴和冷热水交替浴更为适合。研究表明，热水浴和冷热水交替浴清除血乳酸的能力好于冷水浴，原因可能是热水浴提高了组织温度，温度升高，外周血液循环加快，有利于乳酸的清除。冷热水交替浴通过冷刺激引起外周血管收缩，中心血流量增加，热刺激后血管舒张，外周血管阻力减小，心搏出量增多，增加外周血流量，血液的流动性增强，使乳酸持续从活跃的肌肉中流出，被不活跃的肌肉或肝脏等部位吸收。而冷刺激会收缩外周血管，血液流动性减小，血流灌注指数降低，不利于乳酸清除。

三、超低温冷冻治疗

超低温冷冻治疗是一种利用液氮（-196℃）作为冷源，通过氮蒸汽将冷疗舱内环境温度降至-110℃~160℃，对人体的体表进行应激冷疗。舱体为半封闭式冷疗舱，当人体置身于冷疗舱中时，整个头部及作为呼吸主要通道的口鼻均暴露在空气中，呼吸的都是舱外开放流通的正常空气。超低温冷冻治疗的整个治疗时间最多不超过3分钟，治疗时只会体验到冷感，而不会有窒息感。

超低温冷冻治疗能够降低受伤后的炎症反应，减轻肌肉组织的损伤，加速肌肉组织损伤后的修复，促进身体疲劳快速恢复，缓解紧张和焦虑，改善睡眠质量，提高睾酮分泌和皮肤护理。

四、Normatec气压理疗

Normatec（或称Hyperflux）气压理疗是利用一套插电的可穿戴的设备（图10-17），通过设备上多个气舱的反复充放气，形成对肢体的循环梯度压力，达到促进循环代谢、放松肌肉的目的的方法。Normatec有两条腿部套筒，穿戴后可包裹双腿，每个套筒由五个气舱组成，气舱内可根据指令形成各种压强的空气，以对肢体进行循环式、脉冲式的挤压。五个气舱是从远心端到近心端依次充气或放气，如同肌肉般收缩或舒张，符合人体循环规律，在脉冲模式下，气舱会进行特定频率的波动挤压，从而深层放松人体软组织。

图10-17 Normatec气压理疗

运动员可根据自身感受通过控制器选择七个档位的压强，或增减气舱数量，定时运行时长，设定休息间隔。除了下肢，Normatec也有放松手臂、臀部的设备，同样利用了空气挤压原理。

Normatec有助于促进血液循环和淋巴回流，放松肌肉软组织，缓解肌肉延迟性酸痛，优化肌肉性能，并加速人体自我修复，从而促进血液流通，加快排出代谢产物。除此之外，Normatec可提高关节活动度，这对于竞技体操项目来说非常重要。

五、营养补剂

竞技体操对运动员的要求是体脂含量低、肌肉比率高。所以应以低脂肪、高蛋白、高碳水化合物为营养原则。

体操比赛虽然一般在几分钟之内完成，但是会对体操运动员身体造成不小的能量消耗。因此平时要重视体操运动员的身体素质和体能等状况，除了通过日常科学的膳食来不断补充体操运动员在训练和竞赛中消耗的营养物质，还应借助营养物质全面、纯度高且更易吸收的运动营养补剂来做进一步地强化补充，以有效保障体操运动员的竞技状态。

目前体操运动员最常使用的运动营养补剂一般有电解质类、氨基酸类、果糖二磷酸钠和肌酸类，这也是市面上最常见的运动营养补剂，能够根据体操运动员的运动特点、机体营养需要、身形要求等来满足其生理代谢以及运动能力等方面的需求。具有消除运动造成的身体疲劳、降低因运动受伤的风险、促进身体机能有效恢复等作用，不过需要注意的是，体操运动员在选择运动营养补剂的时候，一定要极为慎重，做好质量把控，防止误用掺杂有违禁物或者兴奋剂类的产品，以免对自己的身体健康或职业生涯造成不良影响[1]。

除了上述训练方法，主动分离式拉伸对于恢复与再生也有显著效果。没有有效的恢复与再生，运动员就不会以理想的身心状态面对每天的训练和比赛。合理的训练计划、充足的睡眠、营养搭配均衡会使上述再生训练方法事半功倍。

---

[1] 马建伟. 运动营养补剂对体操运动员竞技状态的影响[J]. 食品研究与开发，2022，43（15）：235-236.

第十一章　竞技体操运动员的身体运动功能训练计划制订

导语：本章由身体运动功能训练原则和训练内容两部分组成，通过学习竞技体操运动员身体运动功能训练计划设计，了解训练原则和训练负荷安排，为科学监控竞技体操运动员训练过程提供参考依据。

第一节　竞技体操运动员身体运动功能训练计划制订的原则

身体运动功能训练除了遵循运动训练学中的科学性、系统性、区别对待这些共性的原则，也需要遵循其他的一些原则。

一、需求分析原则

需求分析原则是指全生命周期视角下不同时期、不同人群、不同领域都有其需求的独特性。需要确定运动员生活方式和运动需求、当前和过去的损伤与运动限制，个人训练经验，以及目前的健身水平或从事竞技项目的运动技能特点。

具体到竞技体操项目有教练员认为运动员应该达到的身体运动功能能力方面的需求、运动员对自身身体运动功能能力方面的需求，以及运动项目等对运动员身体运动功能能力方面的要求。针对这些需求我们要进行具体问题具体分析，通过运动生理学、运动生物力学等多种手段了解运动员的专项特点和个性需求，制定明确、具体、科学的训练方案[1]。以竞技运动项目中身体和四肢运动的基础生物力学分析为例，包括身体的空间位置、完成期望动作中身体的各个部分的时间和条件、动作中运动员身体的速度（或身体部位），以及运动

---

[1] Mike Boyle. Functional Training for Sports [M]. Champaign: Human Kinetics, 2003: 9-10.

员完成动作的时间多少。随着对主要肌肉动作和动作发生的维度（如矢状轴、额状轴、垂直轴）的检查，我们可以分析确定动作模式、比赛中关节的参与、肌肉活动方式、动作发生的运动维度。通过对专项运动中竞技动作的基础生物力学需求分析，我们就能确定动作的关键要素，包括完成动作的类型、运动中关节的运动范围、动作速度的要求、运动中肌肉收缩的方式、根据竞技项目中完成动作的时间来确定专项或项目的代谢需要，这些因素在选择力量训练练习手段时非常重要。分析动作模式和肌肉收缩方式，利于我们选择那些在生物力学方面与专项运动相似的阻力练习手段。通过动作模式的生物力学分析，可以清楚地了解专项运动技能的技术动作要求[1]。

二、筛查与评估先行原则

筛查与评估先行原则是指在需求分析的基础上，身体运动功能训练开始前先进行筛查，根据筛查结果科学地评估竞技体操运动员身体运动功能的强项和弱项及存在的问题，再进行针对性的训练方案设计。

无论处于任何时期和阶段，体操运动员进行身体运动功能训练前必须先进行筛查和评估。身体运动功能训练通常会以筛查与评估情况作为起点，比如运用FMS筛查工具等，通过筛查与评估发现诸如运动功能障碍等方面的问题和弱点。在此基础上，制定出能够消除功能障碍等方面的问题，同时又能够满足特定项目的运动功能需求的方案。方案内容则是诸如训练等方法和手段的综合[2]。艾琳·A.麦吉尔认为筛查与评估是一种系统化的解决问题的方式，为专业教练员及时提供选择练习内容及关键变量的基础信息。可以及时了解到运动员的需求和目前的功能性能力以及训练效应，在了解评估的信息后再进行针对性的训练，往往会取得较理想的训练效果[3]。

三、无痛训练原则

无痛训练原则是指在训练过程中将疼痛作为衡量训练计划适应与否的标准，通过身体运动功能训练，教练员在观察与测量评估以及运动员主观反馈的

---

[1] 杰伊·R.霍夫曼.体能训练指南[M].周志雄，译.北京：北京体育大学出版社，2016：5.
[2] 尹军，袁守龙.身体运动功能训练[M].北京：高等教育出版社，2015：22.
[3] 艾琳·A.麦吉尔，伊恩·蒙特尔.美国国家运动医学会运动表现训练指南[M].崔雪原，译.北京：人民邮电出版社，2020：82.

基础上，积极调整训练方案，确保运动员不带伤病性疼痛进行训练的一种训练原则。

竞技体操要求不断挑战自我，追求卓越，一般情况下体操运动员都存在一定的疼痛。竞技体育领域有句话叫"没有疼痛，就没有收获"，很多运动员和教练员曲解了这句话的意思，认为任何不适的感觉，无论是剧烈的伤痛还是轻微的不适，都可以通过忍耐解决，这也造成多数人没有正视疼痛。有些疼痛是不可避免的，也是非常有益的，比如负荷适应性疼痛、肌肉运动后延迟性酸疼等，但是有些疼痛不是正常的，是一些运动损伤的疾病性疼痛。这种疼痛预示着一些地方出现了问题，需要检查或者矫正，以免产生更加严重的危害[1]。胡安·卡洛斯也曾提到疼痛对于训练是非常重要的。在赛场上克服困难和痛苦继续坚持比赛，这种坚韧不拔的意志品质值得肯定，但是训练应该保持一种无痛的状态。疼痛是机体在修复某些结构或组织时使用的一种机制。疼痛会限制活动范围，还会改变运动员的动作模式，造成结构或组织负重。而动作模式的改变非常容易产生不可逆的永久性伤痛，不仅会影响运动员竞技水平的发挥，还会早早地断送运动员的职业生涯。我们可以说训练过程总是伴随痛苦，但绝对不是让运动员带着疼痛训练[2]。

四、运动表现优先原则

运动表现优先原则是指在无伤痛的前提下，竞技体操运动员身体运动功能训练的目的就是提升竞技能力，所有训练计划的制定和实施，都是以此为目标。所采用的身体运动功能训练的方法和手段，具有极强的有效性和针对性。

体操运动员的运动表现和竞技能力，是创造成绩的核心，这也是运动员职业所特有的。身体运动功能训练可重点关注和改进运动技能，例如，单腿臀桥运动能够锻炼髋部肌肉和臀大肌，伸展髋部，稳定身体，提高场上跑步速度和推进速度，同时能够提高单腿跳跃能力，从而提高双腿垂直起跳高度及起跳能力。转体运动能够提高身体摆动、转向能力，并且帮助身体增加旋转爆发力[3]。

---

[1] Gray Cook. Athletic Body in Balance [M]. Champaign：Human Kinetics，2003：17.
[2] 胡安.卡洛斯.功能性训练 [M].王雄，袁守龙，译.北京：人民邮电出版社.2017：34-35.
[3] 胡安.卡洛斯.功能性训练 [M].王雄，袁守龙，译.北京：人民邮电出版社.2017：5.

五、质量优于数量原则

质量优于数量原则是指身体运动功能训练在实施得过程中，要通过动作完成的规范程度、正确性等来体现，而不是依靠动作重复的次数和组数来衡量。

竞技体操运动员的运动训练过程中始终存在着质量和数量的矛盾关系。很多教练员、运动员总是想提前进入更高水平的训练，或者提前给自己的训练加量或强度，以期尽早获得较好的训练效果，但却没有意识到训练的质量，不仅没有加快训练的进程，反而延缓了进程。以往运动员训练，更多的是完成训练计划规定的数量，而对训练动作的规范、正确性等有所忽视，这会导致体操运动员错误动作的出现，进而出现低质量的技术动作，最终以其他方式予以代偿才能保持一个较高的竞技水平。由此会导致无效练习的比例增加，使技术动作完成经济性降低，需要耗费肌肉较多的力，同时实效性也会下降，完成动作的效果较差，造成损伤。现有研究认为身体运动功能训练强调质量优于数量，身体运动功能训练是以运动质量来衡量的，而不是以负重或数字来衡量的[1-2]。例如，有的运动员想做对侧平板两点支撑，却没有提前很好地完成四点或者三点的平板支撑，如果可以完美完成三点支撑60秒，相比做30秒质量不高的对侧平板两点支撑，反而可以得到更好的训练效果[3]。

六、训练与再生结合原则

训练与再生结合原则是指在身体运动功能训练中有计划地对肌肉和筋膜等软组织进行梳理放松，并结合低负荷的有氧运动等方法，以促进神经肌肉系统疲劳后的恢复，提高循环系统的代谢速率，来提高能量系统和免疫系统的工作能力。

竞技体操赛事的飞速发展最直接的反映就是运动员参加比赛次数的增

---

[1] Juan Carlos Santana. Functional Training [M]. Champaign：Human Kinetics，2015：4.
[2] 艾琳·A. 麦吉尔，伊恩·蒙特尔. 美国国家运动医学学会运动表现训练指南[M]. 崔雪原，译. 北京：人民邮电出版社，2020：9.
[3] 胡安·卡洛斯. 功能性训练[M]. 王雄，袁守龙，译. 北京：人民邮电出版社. 2017：34-35.

加，为了使运动员快速恢复，科研人员在运动员身体恢复方面进行了相应的改进。除传统的恢复外，还引入了再生训练，使恢复和训练相结合。麦克·珊农（Mike Shannon）认为恢复是一种看不见的"隐性训练"。恢复是训练引起的疲劳所必需的生理反应，它代表了人体系统为补偿和恢复体内平衡而进行的全身生物输出。它不关心过程中涉及的各种子系统。再生是一个更具体的术语，它考虑了在训练或压力应用过程（糖原恢复、热反应、神经功能、软组织特性等）中涉及的各种子系统的大小和时间方面对压力的局部反应。再生是通过有计划的训练单元，在加快机体疲劳恢复的同时，对肌肉和筋膜等软组织的超纤维结构损伤进行修复，保证器官组织功能的正常发挥[1]。再生训练主要包括低负荷的有氧运动（变换运动方式和动作模式纠正等）、肌筋膜梳理（扳机点、按摩球和泡沫轴等器械）、水疗法（冷热水浴交替疗法等）等练习方法，并配合营养补充等一系列手段加快机体恢复的训练模式[2]。总而言之，再生包括为提高恢复周期的质量而采用的所有不同策略。

第二节 竞技体操运动员身体运动功能训练计划制订的流程

一、总体设计流程

竞技体操运动员身体运动功能训练计划设计大体分为五个步骤：第一步是运动员的信息采集，主要了解运动员的基本年龄、身高、体重和伤病等信息，通过问卷或者访谈的形式了解运动员对身体功能训练的想法和需求等；第二步是对运动员进行功能动作筛查和身体素质等的测试，通过测试评估运动员的受伤风险及存在的问题和目前身体素质的基本情况，结合这些及后续的比赛需求着手训练计划的设计；第三步是确定总训练时间和训练频率；第四步是确定训练方法和手段；第五步是制定各类训练手段的具体训练负荷量

---

[1] 王雄，等.身体运动功能训练动作手册[M].北京：人民体育出版社，2014：272.
[2] 魏婷婷.身体功能训练中再生训练的应用[D].北京：北京体育大学，2013：21.

和负荷强度，并确定各类训练手段的练习与间歇时间。

二、需求分析与起始状态诊断

（一）需求分析

主要从体操项目竞赛规则、体操项目竞赛特征、体操项目制胜因素、体操项目生物力学四个方面进行分析，并结合教练员和运动员的实际情况与需求进行分析。其中，体操项目竞赛特征主要从竞赛特点、能量代谢形式两个方面进行分析，体操项目生物力学主要从竞技体操运动员的上肢肌肉活动方式、躯干核心区肌肉活动方式、下肢肌肉活动方式等方面进行分析。

（二）起始状态诊断

主要通过FMS、SFMA、Y-balance及身体素质测试等，评估运动员这一阶段训练开始前的整体状况。

FMS评分标准分为四个层级，按照动作表现符合动作模式（3分）、完成动作但出现代偿（2分）、无法完成动作（1分），以及出现疼痛症状（0分）来分别判定。通常认为，运动员或普通人群在某项动作测试中出现1分（功能不良）或0分（疼痛）的情况，其锻炼、训练或比赛的损伤风险会增加[1]。SFMA是一个基于动作模式的诊断系统，它是7个全身动作测试，被设计用来对那些已知肌肉骨骼疼痛的人群进行基本动作模式评价（如在做弯腰摸脚尖和深蹲动作中出现的疼痛）。当临床医生从动作模式的观点出发对病人的损伤进行评价时，他就能够准确地发现那些表面上与疼痛无关的部位恰恰是问题的症结所在。我们把这个概念称为"区域性相互联系"，这一概念是选择性功能动作评估的典型标志。选择性功能动作评估可以帮助医生找到那些虽然不疼痛但是有严重功能障碍的动作，进而从中发现更详细的信息。选择性功能动作评估弥补了现有医学测试的不足，并有效地把身体姿势、肌肉的平衡性和基本动作模式等概念整合到了人体的运动系统中。只有了解了这些信息，治疗过程中所采

---

[1] GRAY COOK, LEE BURTON, KYLE KIESEL, et al. Move-ment: Functional Movement Systems-Screening, Assessment, Corrective Strategies [M]. Champaign: Human Kinetics, 2011.

用的练习和矫正练习才不会再次引发病人的疼痛。我们现在的标准化医疗流程更多是从"头疼医头，脚疼医脚"的观点来看待病人的疼痛，这样的诊断结果并不能使病人得到最有效的治疗。而选择性功能动作评估的整体观则给身体运动功能训练师和康复医师们提供了一种新的思路来治疗疼痛和功能障碍。在身体运动功能训练领域，很多人认为Y-balance、FMS和SFMA三者之间构成了一个有机整体。事实上，这种认识是错误的。Y-balance是一个比FMS和SFMA更为高级的测试，或者说要求更高的测试；而FMS和SFMA二者之间则互为补充构成了一个有机整体。Y-balance和"FMS+SFMA"二者之间是互为验证的关系。具体来讲，Y-balance是一个高度综合的上肢和下肢测试，该测试能够对受试者上下肢的运动范围、力量、本体感受和核心力量等进行综合测试，但它只能从整体上告诉测试人员，受试者是否存在潜在损伤风险，而无法像FMS和SFMA那样通过细化的测试步骤发现受试者的风险所在，更无法有针对性地制定纠正方法。

　　身体素质测试方面，以力量测试为例，1RM力量测试和维京系数测试是评估肌肉力量的一种重要方法。可以通过测试得出上下肢最大重量（1RM），并据此设计竞技体操运动员的力量训练计划，以一次最大重复的百分比（%1RM）为基础来规定强度，实现个性化训练。每个运动员的力量水平和恢复能力都不同，需要根据个人的1RM测试结果来设计个性化的训练计划，以提高运动员的竞技能力。另外，尤其要注意的是，随着竞技能力的不断提高，1RM也会随之变化。因此，要通过定期进行1RM测试，来监测自己的力量进步情况，从而调整训练计划。维京系数是一个独特的力量评价指标，被广泛应用于不同体重、性别的力量训练者的力量水平计算。该系数的计算方式是举起的重量÷（参赛运动员的体重的0.67次方），其中，举起的重量是指比赛中选手完成的最大一次举起的重量。在竞技体操中，维京系数可以视为力量发展水平的衡量标准。例如，顶级吊环体操选手的力量水平，按力量举的算法能跟三大项8倍体重（深蹲、卧推、硬拉这3个动作的完成数量，应达到运动员体重的8倍）的人比，他们的维京系数能达到400左右；一般体操选手的维京系数则在300左右；而一般健康男性的维京系数大约为150。这种评估方式更加科学，更能反映运动员的实际力量状况。

三、竞技体操运动员身体运动功能训练的内容安排

我们以竞技体操运动员冬训开始准备期的力量训练为例，来展示竞技体操运动员身体运动功能训练的内容安排。身体运动功能训练单次课的内容设计从动作准备和力量训练以及恢复与再生三个部分进行。具体训练内容如表11-1~表11-3。

表11-1 竞技体操运动员动作准备训练方法

动作内容	负荷安排
泡沫轴胸椎屈伸	5~10次
打开书（OPEN BOOK）	一侧5~10次
地板滑动	5~10次
猫狗式（CAT DOG）	5~10次
髋部扭转（HIP CROSSOVER）	一侧5~10次
髋关节90-90练习	一侧5~10次
蝎子摆尾（SCORPION）	一侧5~10次
侧弓步（LATERAL LUNGE）	一侧5~10次
最伟大拉伸（FORWARD LUNGE）	一侧5次
快速踮步	30~45秒

表11-2 竞技体操运动员上肢、躯干和下肢力量训练方法

训练部位	动作内容	负荷安排
上肢力量	肩关节外展	15次为一组，3组
	肱三头肌下压	15次为一组，3组
	屈肘肩外旋	15次为一组，3组
	俯卧撑（4秒离心，1秒向心）	10~15次为一组，3组
	仰卧引体	8~12次为一组，3组
	仰卧推举	30%~50%1RM，8~10次为一组，3组
	瑞士球俯卧T、W、Y	15次为一组，3组
	弹力带X下拉	10次为一组，3组
	肩关节稳定性—侍者行走	25米为一组，3组
	肩关节稳定性—土耳其起立	一侧5~10次，3组

（续表）

训练部位	动作内容	负荷安排
躯干支柱力量	核心稳定性-平板支撑	1分钟为一组，3~5组
	核心稳定性-侧平板支撑	40秒~1分钟为一组，3~5组
	卷腹（4秒离心，1秒向心）	10~15次为一组，3组
	降腿（4秒离心，1秒向心）	10~15次为一组，3组
	俄罗斯转体	25次，3组
	瑞士球平板支撑（双肘在球上）	30~45秒为一组，3~5组
	瑞士球平板支撑（双脚在球上）	30~45秒为一组，3~5组
	髋关节稳定性-农夫行走	10米为一组，3组
	臀桥（3秒离心，1秒向心）	15次为一组，3组
	单侧臀桥	10次为一组，3组
	蚌式开合（4秒离心，1秒向心）	一侧8~10次，3组
下肢力量训练	深蹲	40%~50%1RM，8~10次，3~5组
	硬拉	40%~50%1RM，8~10次，3~5组
	弓箭步蹲	30%~40%1RM，8~10次，3~5组
	上台阶练习	30%~40%1RM，8~10次，3~5组
	高脚杯蹲	30%~40%1RM，8~10次，3~5组

表11-3 竞技体操运动员恢复与再生训练方法

动作内容	负荷安排
泡沫轴筋膜梳理：小腿三头肌、胫骨前侧肌群、股后肌群、髂胫束、阔筋膜张、臀肌、股四头肌、内收肌、腰部肌群、背部肌群	每个部位30~45秒；1~2组
按摩球扳机点松解：足底、小腿三头肌、胫骨前侧肌群、股后肌群、髂胫束、阔筋膜张、臀肌、股四头肌、内收肌、胸小肌	每个部位30~45秒；1~2组
主动与被动拉伸：斜方肌、肩胛提肌、胸锁乳突肌、肱二头肌、肱三头肌、背阔肌、股后肌群、梨状肌、小腿三头肌	每个部位30~45秒；1~2组

从力量训练的单次课来看，作为准备期的力量训练，前期均以恢复力量耐力为主，负荷安排适中。而力量训练则遵循以下几个阶段：第一，热身训练—低训练量，低训练强度，为后续更高难度的训练做准备；第二，增肌训练—高训练量，中等训练强度，增大肌肉体积和增加肌肉耐力，其中，增大肌肉体积更为重要，因为肌肉体积与肌肉力量呈正相关；第三，力量训练—中等训练量，高训练强度，提高力量至最高水平，因为力量与爆发力相关；第四，爆发力训练—低训练量，高训练强度，将提高力量转换为提高爆发力；第五，比赛期的训练—低训练量，高训练强度，在比赛期间保持肌肉体积、力量和爆发力的增长。

四、竞技体操运动员身体运动功能训练计划实施中的调整

竞技体操运动员身体运动功能训练计划实施中调整的目的是取得更好的训练效果。调整的方式主要以训练内容的监控与调整以及训练负荷的监控与调整为主。

训练内容的监控与调整主要是身体运动功能训练计划中的动作内容在实践运行中根据运动员的实际情况等方面作出适当的调整。另外，对运动员做具体动作质量的监控，例如前后分腿蹲动作，我们要重点监控其动作是否标准和动作质量，具体表现在膝关节是否超过了脚尖、膝关节有无产生内扣现象、核心区是否稳定等，实时观测运动员并及时提醒改进。以冬训期竞技体操运动员身体运动功能训练为例，一般训练总周数为11周，负荷安排上采用训练3周调整1周的方式；每周训练4~5天，负荷控制采用练2调1的方式进行，同时结合专项训练量的大小作调整。针对具体身体运动功能训练课，我们对负荷的监控主要涵盖重量、次数及组数，同时采用Polar表进行心率监控运动负荷，根据反馈的情况和本节课要求达到的目标进行实时监控。

五、竞技体操运动员身体运动功能训练的效果评定

效果评定的目的是检验身体运动功能训练计划的好坏。竞技体操运动员身体运动功能训练的效果评定包括过程性评价和终结性评价。过程性评价主要从伤病风险诊断指标和训练指标量化两方面进行，其中训练指标量化以身体素质测试指标为主。终结性评价则从专项能力的变化、比赛成绩以及阶段总结三方

面进行。竞技体操运动员身体运动功能训练都是以提高运动员的运动功能能力为目的，最终目的是获得优异比赛成绩。因此，其阶段性的效果是围绕比赛展开，因此终结性评价实际上是对一个完整阶段作的总结评价。而过程性评价中的伤病风险诊断指标和训练指标可以根据实际情况多次进行测试。但很难在临近比赛时进行测试，原因就是怕比赛前受伤，影响运动员参赛。因此，过程性评价中最后一次测试在比赛前3周左右进行测试较为稳妥，从测试的时间点来看只能归到过程性评价中而不能放在终结性评价中。